Bruce Boulter · Holzdrehen für Fortgeschrittene in 487 Bildern

Bruce Boulter

Holzdrehen für Fortgeschrittene

in 487 Bildern

Schichthölzer · zusammmengesetzte Hölzer · Hohlkörper

AUGUSTUS VERLAG AUGSBURG

CIP-Titelaufnahme der Deutschen Bibliothek

Holzdrehen für Fortgeschrittene : in 487 Bildern ;
Schichthölzer – zusammengesetzte Hölzer – Hohlkörper /
Bruce Boulter. [Übers. von Joachim Menge]. – Augsburg :
Augustus-Verl., 1990
   Einheitssacht.: Woodturning, projects and techniques <dt.>
   ISBN 3-8043-2592-0
NE: Boulter, Bruce [Bearb.]; EST

Übersetzung der englischen Originalausgabe
„Woodturning, Projects and Techniques"
by Bruce Boulter

© for english edition
by Bruce Boulter, 1986
Argus Books Limited, London

Übersetzt von Joachim Menge, Darmstadt
Umschlaggestaltung: Klaus Neumann, Wiesbaden

Das Buch erschien ursprünglich in der Bauverlag GmbH,
Wiesbaden und Berlin
AUGUSTUS VERLAG AUGSBURG 1990
© Weltbild Verlag GmbH, Augsburg

Druck: Appl, Wemding
Printed in Germany

ISBN 3–8043–2592–0

Inhaltsverzeichnis

Einführung

Etliche Kapitel dieses Buches befassen sich mit dem Drechseln von Schichthölzern oder Laminaten, zu denen ich hier einige grundsätzliche Anmerkungen machen will.

Mit Schichthölzern kann der Drechsler sehr dekorative Arbeiten schaffen, wenn er zum Beispiel seinen Rohling aus verschiedenfarbigen Hölzern aufbaut, die einzelnen Schichten des Rohlings durch eingelegte Furniere trennt oder auch nur den Rohling zerschneidet und in neuer Ordnung der Teile wieder zusammensetzt. Der Möglichkeiten sind viele, Grenzen setzt nur die Phantasie des Drechslers.

In einer Zeit ständig steigender Preise spielen die Kosten edler Hölzer eine zunehmende Rolle. Mit einem aus Schichten aufgebauten Rohling kann man aber beim Drechseln von Schalen gegenüber einem vergleichbaren konventionellen Rohling etwa zwei Drittel des nicht unbeträchtlichen Abfalls sparen. Im Kapitel 11 wird sogar eine Arbeit vorgestellt, bei der rund 95% des Abfalls vermieden werden können.

Schließlich lassen sich manche Arbeiten überhaupt nur aus Schichtholz herstellen. Eine 30 cm große Schale aus Rosenholz beispielsweise wäre eine enorme Rarität. Ich habe nie einen Dalbergia frutescens mit einem solchen Durchmesser gesehen, der Preis wäre zudem unvorstellbar. Mit Hölzern von etwa 2,5 cm Dicke und 10 cm Breite gibt es jedoch gleich mehrere, auch preislich akzeptable Wege zu einer solchen Schale. Es gibt viele seltene Hölzer, bei denen der Stammumfang stets klein ist, und andere, bei denen das Kernholz wegen eines extrem langsamen Wachstums für den Drechsler fast immer minderwertig ist. Sind größere Stücke annehmbarer Qualität aber schwer zu bekommen, bildet Schichtholz den einzigen Ausweg.

An mehreren Stellen dieses Buches habe ich in den Bildunterschriften auf andere Stellen verwiesen. Ich habe mich bemüht, diese Querverweise, die längere Wiederholungen vermeiden und teure Seiten sparen sollen, auf ein Minimum zu beschränken. Alle Arbeiten habe ich so klar und detailliert wie möglich beschrieben, jedoch war es nicht möglich, zu jeder Arbeit auch alle machbaren Alternativen zu beschreiben. So habe ich sie über das Buch verteilt an passender Stelle untergebracht und mich an den entsprechenden Stellen auf Hinweise und Vorschläge beschränkt. Die Anzahl der Kapitel ließ sich dadurch tatsächlich reduzieren; für den Leser ergibt sich nun jedoch die Notwendigkeit, vor ersten eigenen Arbeiten das ganze Buch lesen zu müssen. Wie stets beim Handwerk führen auch hier meist mehrere Wege zum Ziel. Drechseln ist ein sehr individuelles Handwerk, bei dem die Drechsler durchaus individuelle Techniken entwickeln, die — manchmal sogar mit unterschiedlichen Werkzeugen — dann doch zum gleichen Ergebnis führen.

Sie, die Leser dieses Buches, werden vermutlich nur wenig Erfahrung im Drechseln haben, aber seien Sie unbesorgt, jede der hier beschriebenen Techniken werden Sie mit etwas Übung eines Tages beherrschen. Auch ich stand einst als Anfänger da und selbst heute, da ich einige Erfahrungen gesammelt habe, muß ich mich oft genug mit neuen Techniken befassen. Fehler und Enttäuschungen sind natürlich unausweichlich, aber welches Handwerk wäre auch nur das Werkzeug wert, wenn alle Arbeiten nach Plan verliefen. Sammeln Sie Erfahrungen, üben und experimentieren Sie und genießen Sie die süßen Früchte des Erfolgs. Nehmen Sie dieses Buch als Leitfaden und Anregung, bis Sie eines Tages zu schwierigeren als den hier beschriebenen Arbeiten in der Lage sind und Ihren Arbeiten den eigenen Stil aufprägen.

Drechseln ist ein nicht ganz ungefährliches Handwerk; das Thema Sicherheit wird deshalb an passender Stelle gleich mehrmals angesprochen. Einen sehr wichtigen Punkt will ich jedoch gleich hier ansprechen. Außer der Drehbank werden Sie noch einige weitere elektrische Maschinen einsetzen, wenn Sie die Rohlinge vorbereiten oder Hölzer ablängen. Einige dieser Arbeiten kehren immer wieder und es besteht die Gefahr, daß sich mit der Zeit Nachlässigkeiten einschleichen. Bei der Arbeit mit solchen Maschinen sind Konzentration und ungeteilte Aufmerksamkeit aber ein absolutes Muß! Kein Werkzeug verletzt den Benutzer, ohne daß dieser den Grund dafür liefert. Ablenkung durch einen Zuschauer, zum unaufgeräumten Holzlager abschweifende Gedanken oder einfach nachlassende Konzentration sind durchaus typische Unfallursachen. Trennen Sie die Maschine grundsätzlich vom Netz, wenn Sie ein Sägeblatt wechseln oder ein Hobelmesser einsetzen wollen. Nur so ist es möglich, ein unbeabsichtigtes oder fahrlässiges Ingangsetzen der Maschine sicher zu verhindern. Aber auch Stromunterbrechungen bei eingeschalteter Maschine haben ihre gefährlichen Seiten. Es gibt spezielle Schalter, die die angeschlossene Maschine bei Stromausfall selbsttätig ausschalten, es ist aber auch möglich, sich einen Netzausfall von einer batteriegespeisten Lampe anzeigen zu lassen. Ich will mich auf diese Hinweise beschränken, denn natürlich sind einwandfreie Installationen und ausführliche Gebrauchsanweisungen erst einmal Sache des Elektrikers bzw. des Maschinenherstellers. Wenn aber unbeantwortete Fragen bleiben, sollten Sie sich unbedingt an die zuständige Berufsgenossenschaft wenden. In jedem Fall aber sollten Sie sich die einschlägigen Anweisungen nicht nur besorgen, sondern auch genau lesen und entsprechend beherzigen.

Das Thema Oberflächenbehandlung wird entsprechend dem Ablauf der einzelnen Arbeiten an mehreren Stellen angesprochen. Ein eigenes Kapitel behandelt jedoch die dem Holz als natürlichem Rohstoff nun einmal eigenen Unregelmäßigkeiten und die Vermeidung daraus resultierender Fehler des Werkstücks und beschreibt einige verblüffende Lösungsmöglichkeiten.

Ich hoffe, daß Sie auf den folgenden Seiten Hilfe und Anregungen finden werden. Nehmen Sie sich Zeit für das Detail, treten Sie auch ruhig einmal zurück, um Ihre Arbeit zu prüfen und darüber zu reflektieren — und zwar nicht erst, wenn die Dinge schiefgelaufen sind! Mit Holz zu arbeiten ist ein faszinierender, manchmal aber auch frustrierender Zeitvertreib, der Ihnen neben vielen nützlichen und schönen Dingen Freude und Erfolg bringen wird. Machen Sie sich also an die Arbeit, aber achten Sie auf Ihre Finger!

Bruce Boulter

1. Arbeiten mit zusammengesetzten Rohlingen

Schon bescheidene Drechselbänke geringer Größe und Spitzenweite erlauben vielfältige Drechseltechniken für anspruchsvolle Arbeiten. Die folgenden Beschreibungen sind dann auch keineswegs erschöpfend, und eine besondere Qualifikation oder eine natürliche Begabung auf dem Gebiet der Gestaltung habe ich auch nicht. So sind die auf den ersten beiden Bildern gezeigten Dosen auch nicht ihrer Gestaltung, sondern ihres Materials wegen interessant. Durch den eigentlich einfachen Kunstgriff, den natürlichen Verlauf der Maserung zu verändern und verschiedene Hölzer zu kombinieren, sind interessante, kompliziert erscheinende Muster entstanden. Die Techniken, deren Beherrschung für diesen Kunstgriff Voraussetzung ist, werden in den folgenden Kapiteln behandelt. Sie setzen weder eine besondere Begabung noch eine aufwendige oder teure Ausrüstung voraus. Im Gegenteil lassen sich etliche der gezeigten Hilfsmittel selbst herstellen.

Die hier gezeigten Arbeiten sind mit einer Ausnahme alle aus dem gleichen Holz; es wäre aber durchaus möglich gewesen, für die einzelnen Teile verschiedene Hölzer zu verwenden.

Abb. 1. Deckel

Hinten links: Die Deckelmitte zeigt eine Längsmaserung, der die Mitte umlaufende Ring ist im Gegensatz dazu aus 12 Segmenten zusammengesetzt, deren Maserung tangential gerichtet ist. Der äußere Ring hat eine radial verlaufende Maserung und ist wie die Segmente des inneren Rings von diesem durch eine Einlage aus Ebenholz getrennt. Der Deckel hat auf der Unterseite einen Falz und liegt mit seinem äußeren Rand auf der Dose auf.

Hinten rechts: Hier ist die Deckelmitte aus mehren Holzschichten gedreht, der innere Ring wie im vorhergehenden Beispiel, der äußere jedoch aus abwechselnd tangential und radial gemaserten Abschnitten zusammengesetzt. Auch dieser Deckel hat einen Falz an der Unterseite, wird jedoch in die Dose eingesetzt.

Vorne links: Die Deckelmitte zeigt wieder eine einfache Längsmaserung, der innere Ring eine tangential, der äußere eine radial verlaufende Maserung. Die zu diesen Deckeln gehörenden Dosen sind ebenfalls aus Segmenten hergestellt, deren Maserung zu der des Nachbarsegmentes im spitzen Winkel steht, so daß sich insgesamt ein Fischgrätenmuster ergibt. Alle Teile sind aus dem gleichen Holz; die Dosen haben wärmegedämmte Kunststoffeinsätze und sind gut als Eisschalen oder Weinkühler zu verwenden.

Vorne rechts: Deckel und Dose sind hier aus Switenia Mahagoni, das dem Mahagoni aus Honduras sehr nahekommt und ausgezeichnet zu bearbeiten ist. Die Deckelmitte ist zweigeteilt, so daß sich die Maserung zu spiegeln scheint, der breite äußere Ring wieder aus Segmenten, deren Maserung hier aber ungeordnet ist. Daß sich hier ein fließender Maserungsverlauf ergab, ist eher ein glücklicher Zufall als Absicht. Für Dose und Deckel standen nur noch sehr schmale Holzstücke zur Verfügung, so daß eine gezielte Ausrichtung der Maserung bei den beiden Rohlingen von vornherein unmöglich war.

Abb. 2. Diese vier Arbeiten sind aus Mexiko-Palisander, das auch als mexikanisches Rosenholz bekannt ist. Da es sich aber hier nicht um eine Dalbergia, sondern um eine Cordia dodecendra handelt, ist die Bezeichnung Rosenholz nicht korrekt.

Der Rohling für die Dose oben links wurde aus einer gerissenen Bohle hergestellt, die auseinandergenommen, abgefast und im ursprünglichen Verlauf der Maserung wieder zusammengesetzt wurde. Die Deckelmitte ist aus einem Hirnholzstück, das in der Mitte durchtrennt und umgedreht wieder zusammengesetzt wurde und aus dem auch die Deckel der beiden kleinen Dosen vorn gedreht wurden. Dieses Teil wurde in ein quergemasertes Werkstück eingelassen, während als äußerer Ring ein überzähliges Teil der in Kapitel 15 beschriebenen Arbeit verwendet wurde. Die Dose hat einen festen, wärmegedämmten Einsatz, wie er in Kapitel 2 beschrieben wird. Die Dose mit losem Einsatz oben rechts soll hier nicht weiter behandelt werden, da ihre Herstellung ebenfalls in Kapitel 2 genau beschrieben ist. Die kleine Dose unten links hat einen viergeteilten Hirnholzdeckel, der vor dem Abstechen in den Dosenrohling eingesetzt wurde. Der Deckel der Dose unten rechts ist ebenfalls aus einem viergeteilten Hirnholz, wurde jedoch in einen Dosenrohling aus abwechselnd Kernholz und Splintholz eingesetzt.

Abb. 3. Dieses Brett ist aus einem relativ kleinen Scheit australischem Orangenholz geschnitten. Mit dem Bleistift habe ich das über die gesamte Länge einwandfreie Splintholz angerissen, an dem ich interessiert war. Der Bleistiftstrich zeigt aber auch gut die Krümmung des Holzes in diesem Bereich. Zwar liegt der Reiz natürlicher Materialien wie Holz nicht zuletzt in solchen Unregelmäßigkeiten und eben nicht in dem Ebenmaß maschineller Produkte. Auch wäre die Krümmung keine ernsthafte Schwierigkeit für die Bearbeitung des Stückes, dennoch hätte sie hier eine Störung des gleichmäßigen Faserverlaufs bedeutet. So habe ich dieses Stück gewählt, um eine Technik zu demonstrieren, die als "Korrektur der Natur" zu einer sehr gleichmäßigen Maserung des Werkstücks verhilft.

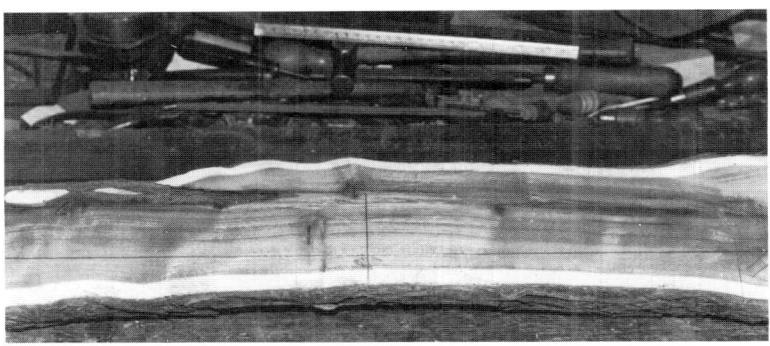

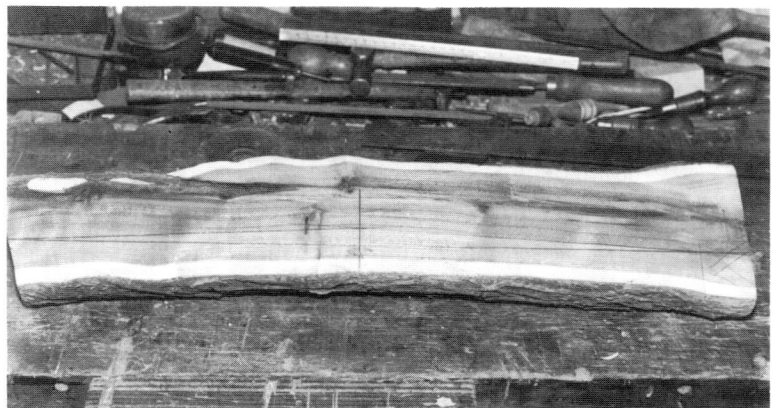

Abb. 4. Die kleine Verwachsung am rechten Ende hätte Probleme verursachen können und wurde deswegen ausgespart, bevor das Holz in zwei gleichlange Hälften unterteilt wurde. An der Innenkante des Splintholzes habe ich nun zwei weitere Bleistiftlinien gezogen, die sich auf der Halbierenden treffen und nun zwei beinahe absolut symmetrische Splintholzteile begrenzen, wie sie in Abb. 6 zu sehen sind.

Abb. 5. Vor dem Abschneiden des Splintholzstabes habe ich aber zunächst an der Rückseite der Bohle den Rohling für die Dose selbst ausgeschnitten. In diesem Fall wäre das eigentlich unnötig gewesen, da die Dose einen Rauchglaseinsatz erhalten sollte, so daß ich den Rohling auch aus einem anderen Holz hätte schneiden können. Der Splintholzstab wurde bei dieser Aktion zwar etwas schmaler, der Abfall wurde jedoch auf ein Minimum reduziert, da sich, z.B. für die in Kapitel 18 beschriebenen Spitzenklöppel, auch kleine Holzstückchen noch verwerten lassen, erst recht, wenn sie von einer teuren oder seltenen Art stammen.

Abb. 6. Hier ist die Bohle in der Mitte aufgetrennt und so ausgerichtet, daß die beiden Splintholzstäbe fluchten. Anschließend wurde die Sägekante mit dem Hobel geglättet, da sie im nächsten Arbeitsgang am Anschlag der Kreissäge als Führung anliegen sollte. In den Abb. 18 bis 22 ist dargestellt, wie zunächst die Baumkante der Bohle und dann die gegenüberliegende Seite des Splintstabes geschnitten werden.

Abb. 7. Hier die fertige Arbeit, die aus zwölf Segmenten zusammengesetzt ist. Diese Segmente wiederum bestehen je zur Hälfte aus Kernholz und Splintholz. Die Abbildung zeigt deutlich, daß der Dosendurchmesser sehr viel größer ist als der des ursprünglichen Holzes. Bei dieser Technik bleibt außerdem ein beträchtlicher Rest, aus dem sich noch eine weitere Dose und etliche andere kleine Dinge herstellen lassen.

Abb. 8. Eine Ebenholzdose mit fast perfekter Symmetrie; diese Arbeit demonstriert eindrucksvoll, wie sich mit zusammengesetzten Holzteilen eine sehr dekorative Wirkung erzielen läßt.

Abb. 9. Ein komplizierter Arbeitsablauf läßt sich wohl besser verstehen, wenn man von vornherein weiß, zu welchem Ergebnis er führt bzw. führen soll. Hier ist die Hälfte eines Kingwood-Scheites zu sehen, das ich wegen der im äußeren Kern enthaltenen Kieselerde lieber gespalten als gesägt habe. Das Spalten geht in der Regel sehr leicht, da man lediglich den unweigerlich vorhandenen Rissen zu folgen braucht. Anschließend prüfe ich, welche Gegenstände sich nach Form und Größe aus dem Holz herstellen lassen, zeichne die brauchbaren Teile an und versuche natürlich, vom Kern wie vom Splintholz möglichst viel zu retten. Kern- und Splintholz sind nicht bei allen Holzarten so unterschiedlich wie hier, bei manchen sind die Unterschiede kaum zu erkennen. Dieses Phänomen hat jedoch nichts mit dem Preis oder der Seltenheit des Holzes zu tun; einige Nadelbäume wie zum Beispiel die Föhre zeigen sehr ausgeprägte Unterschiede.

Abb. 10. Hier liegen die zwölf Segmente in der Reihenfolge nebeneinander, in der ich sie anschließend zusammengesetzt habe. Die Numerierung ist zur Demonstration sehr groß geraten, tatsächlich aber ist sie erforderlich, wenn Sie die zu einem optimalen Maserungsverlauf sortierten Teile nicht beim Zusammensetzen durcheinanderbringen wollen.

Abb. 11. Zuerst werden die Segmente in einer Rohrschelle entsprechender Größe in der gewünschten Reihenfolge "trocken" zusammengesetzt, um die Paßform der Teile zu prüfen. Die Leimflächen müssen absolut glatt sein. Dazu ist es empfehlenswert, sie möglichst nicht anzufassen, da das natürliche Fett der Haut, erst recht aber die beim Abziehen von Drechselstählen oder zum Schmieren der Maschine verwendeten mineralischen Öle die Leimverbindung stören. Falls übrigens keine Schelle passender Größe zu beschaffen ist, kann man auch mehrere kleinere Schlauchschellen miteinander verbinden.

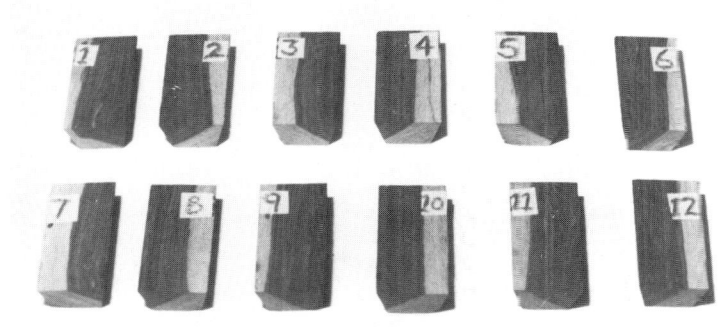

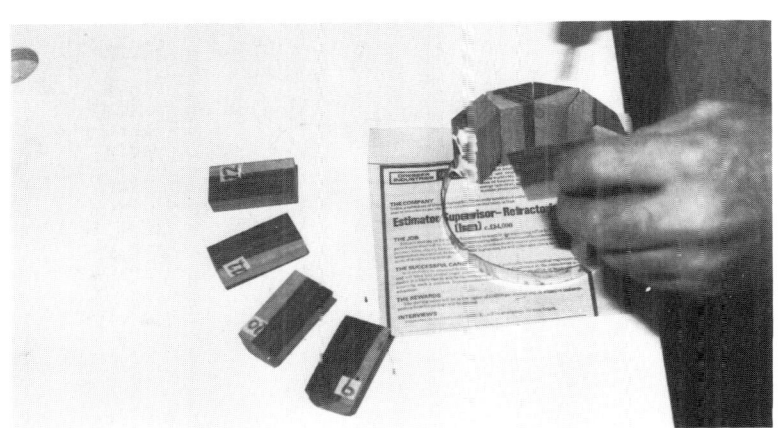

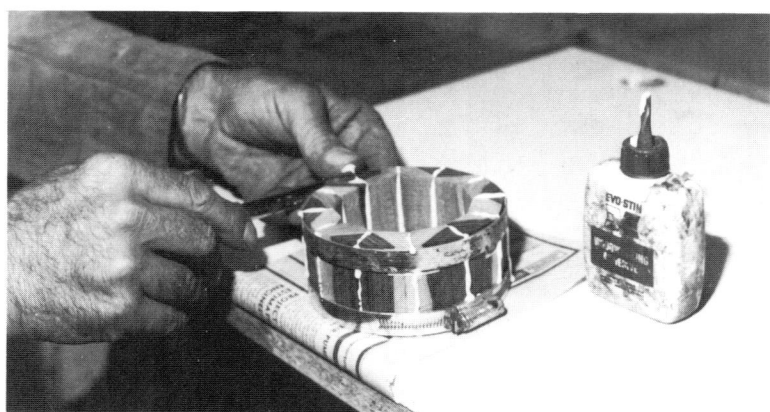

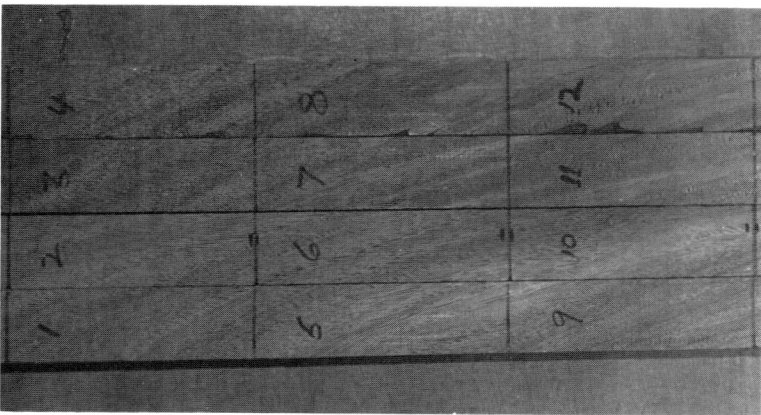

Abb. 12. Ist der Leim aufgetragen und sind alle Teile in der richtigen Reihenfolge zusammengefügt, so kann die Schelle am Fuß des Rohlings vorsichtig festgezogen werden. Wenn Sie die Schelle zu stark spannen, wird ein Großteil des Leims wieder aus der Leimfuge gedrückt und die Verbindung nur mangelhaft fest. Mit etwas Übung werden Sie aber schnell die richtige Spannung herausfinden. Nehmen Sie ruhig Schraub- oder Excenter-Spannzwingen zu Hilfe, um die Konstruktion zusammenzuhalten. Solange der Leim abbindet und erhärtet, lassen Sie auf Zwingen und Schelle leichte Spannung.

Abb. 13. Am oberen Rand des Rohlings habe ich hier eine weitere Schelle angebracht, die gleich stramm angezogen wird. Als Leim habe ich hier einen Weißleim auf der Basis von Polyvinylacetat verwendet. Er liefert durchaus brauchbare Ergebnisse, dennoch würde ich bei kostbaren Hölzern wie hier lieber einen Phenolharz- oder einen Resorcinkleber empfehlen. Lassen Sie den Rohling nun so lange ruhen, bis der Leim vollständig abgebunden hat. Die Abbindezeit und dazu etliches mehr finden Sie in den Gebrauchsanweisungen der Leimhersteller, die Sie übrigens nicht nur lesen, sondern auch beherzigen sollten. Nur wer über alle verwendeten Materialien gut Bescheid weiß, ist vor unliebsamen Überraschungen einigermaßen sicher.

Abb. 14. Rohling und fertiges Produkt nebeneinander. Aus der Bohle wurden insgesamt 24 Segmente geschnitten und zu je 12 nach der Maserung sortiert. Hier ist ein einigermaßen gleichmäßiges, aber dennoch nicht unnatürliches Bild entstanden.

Abb. 15. Eine andere Möglichkeit zeigt dieses Bild. Hier wurde von einer Bohle ein Streifen abgetrennt, in die einzelnen Stäbe zerschnitten und im ursprünglichen Verlauf der Maserung wieder zusammengefügt. Werden die Stäbe nun in der dargestellten Reihenfolge numeriert und zusammengesetzt, verläuft die Maserung am Objekt in spiraligem Muster.

Abb. 16. Hier ist mit den gleichen Stäben ein anderes Muster gelegt, das am fertigen Objekt wie ein Fischgrätmuster aussehen wird. Jede zweite Stabreihe mußte dazu lediglich umgedreht werden. An diesen beiden Beispielen können Sie sehen, daß Sie vor dem Abfasen der Teile bereits über das gewünschte Muster entschieden haben müssen. Klar dürfte nun auch sein, daß sich dieses Muster nur mit Hilfe einer unverwechselbaren Kennzeichnung der Reihenfolge der Stäbe erreichen läßt. Sind die Stäbe erst einmal abgefast, lassen sie sich nur noch in einer Maserungsrichtung einsetzen.

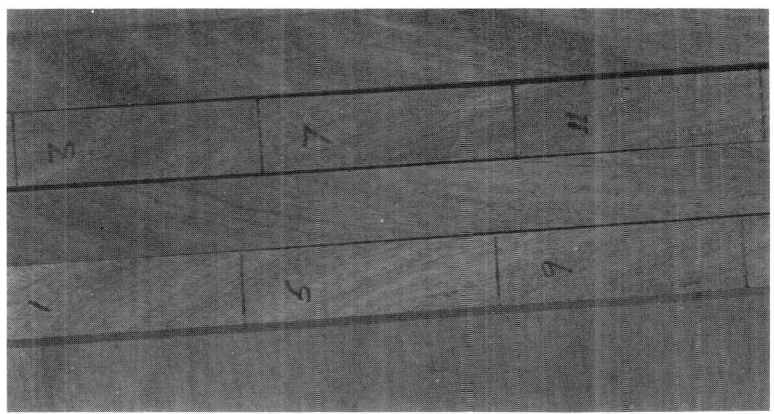

Abb. 17. Hier sind die gleichen Stäbe zusammengesetzt und verleimt. Nach einigem Probieren hatte ich dann doch vom Fischgrätmuster wieder Abstand genommen.

2. Zusammengesetzte hohle Rohlinge

— Werkstücke mit Einsätzen —

Abb. 18. Nachdem ich das Zusammensetzen eines Rohlings aus einzelnen Stäben gezeigt habe, soll hier nun die Herstellung der Stäbe gezeigt werden. Mancher schwört dabei auf eine Hobelmaschine, ich ziehe jedoch eine Kreissäge mit wolframkarbid-bestücktem Sägeblatt großer Zahnung vor; die geschnittenen Flächen sind nicht ganz so glatt wie bei einer Hobelmaschine, so daß der Leim besser haften kann, und außerdem ist die erreichbare Genauigkeit vollkommen ausreichend. Für die verschiedenen Kreissägen werden unterschiedliche Anschläge und Führungen zum Abfasen angeboten; meine besitzt keine Feineinstellung, so daß ein exakter Winkel immer ein bißchen Glückssache ist. Hier ist ein einstellbarer Winkelanschlag dargestellt, der mit Hilfe einer kleinen Präzisions-Winkellehre auf den exakten Winkel zum Sägeblatt einstellbar ist. Man muß jedoch darauf achten, daß die Lehre zwischen den Zähnen an das Sägeblatt angelegt wird, da die Schränkung der Zähne sonst zu einem ungenauen Winkel führt.

Abb. 19. Durch Lösen einer Feststellschraube kann ich bei meiner Säge den Winkel zwischen Tischplatte und Sägeblatt verändern. Das ist meist ein mühseliges Geschäft, aber ein exakter Winkel ist nicht nur für die Präzision der fertigen Arbeit, sondern auch für die Sicherheit beim Drehen des Rohlings unbedingt erforderlich. Vor dem Abfasen sollten Sie sich immer einen ausreichenden Vorrat fertig zugeschnittener Hölzer bereitlegen, wenn Sie nicht ständig den Anschlag verändern und so viel Zeit verträdeln wollen.

Abb. 20. Für dieses Foto habe ich den Winkelanschlag abgenommen. Sie sollten ihn jedoch nach Möglichkeit immer montiert lassen, um den Winkel ständig kontrollieren zu können. Beim Zuschneiden der Stäbe muß auch der Spaltkeil hinter dem Sägeblatt unbedingt eingebaut sein. Achten Sie darauf, daß der Stab immer voll auf dem Sägetisch aufliegt, beim Abfasen der zweiten Seite schiebt er sich nämlich leicht am Anschlag hinauf. Die Tischhöhe sollte so eingerichtet sein, daß das Sägeblatt etwa 3 mm höher als das Werkstück dick ist. Nehmen Sie sich Zeit, verwenden Sie stets einen Schiebestock und konzentrieren Sie sich ganz auf die Arbeit.

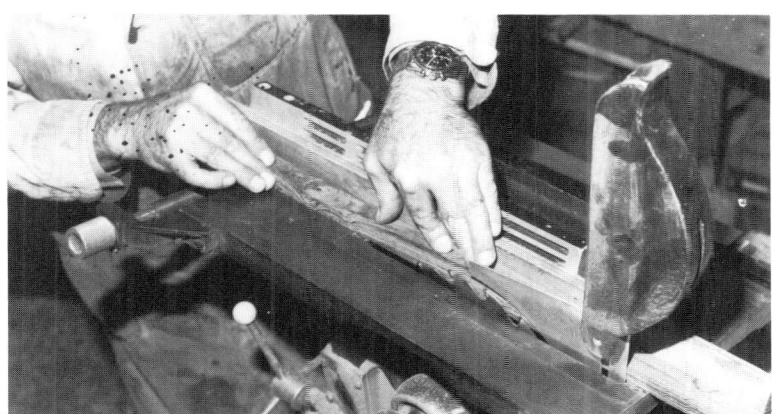

Abb. 21. Nahaufnahme der das Werkstück führenden Hand (der Sägetisch wurde der Deutlichkeit halber etwas abgesenkt). Wenn die Handfläche wie hier ständig in Kontakt mit dem Anschlag bleibt oder bei Sägen anderer Bauart in ähnlicher Weise geführt wird, erreichen Sie nicht nur eine genaue, sondern vor allem sichere Führung der Hand. Die Finger bleiben dort, wo sie hingehören und geraten nicht bis zum Sägeblatt. Ich will noch einmal wiederholen, daß gerade bei diesem einfachen, oft wiederkehrenden Arbeitsgang ständige Aufmerksamkeit unbedingt notwendig ist.

Abb. 22. Mit einem solchen sorgfältig eingestellten Winkelmesser kann man die Genauigkeit der Abfasung überprüfen. Sehr viel besser ist es jedoch, alle für den Rohling erforderlichen Stäbe zuerst aus einem billigen Holz herzustellen und die Genauigkeit am daraus trocken zusammengesetzten Modell zu überprüfen. Passen die Teile nicht ganz genau zusammen, muß der Winkel neu eingestellt und die Probe wiederholt werden. Auf einen Zeitschriftenartikel erhielt ich einmal folgende Leserzuschrift: "Die Hölzer für meinen Rohling habe ich genau nach Ihren Anweisungen vorbereitet. Irgendetwas muß ich aber falsch verstanden haben, denn beim Zusammensetzen der 12 Segmente stellte ich fest, daß 11 Segmente exakt zusammenpaßten und das 12. überflüssig war." Welch glücklicher Zufall! So glimpflich kam ich leider nie davon.

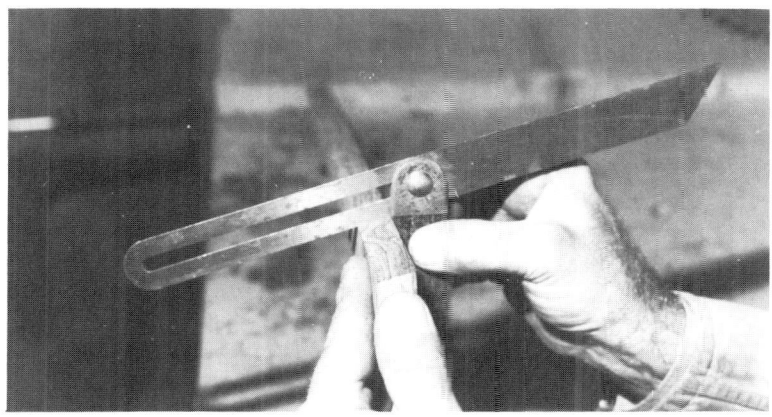

Abb. 23. Dieser einfache Anschlag stellt sicher, daß beim Ablängen alle Stäbe die gleiche Länge haben.

Nun haben wir zwar einen Rohling, können ihn aber nicht zwischen den Spitzen montieren, da er ja hohl ist. Man kann sich natürlich einen Aufspanndorn passenden Durchmessers drehen, ich schätze jedoch solche Dorne nicht und halte sie überdies für gefährlich. Spannt man den Rohling nämlich mit der nötigen Spannung auf, läßt die Keilwirkung den Rohling leicht reißen. Konische Aufspanndorne kommen deshalb von vornherein nicht in Betracht. Vor vielen Jahren habe ich ein Drehbankfutter entwickelt, das nach einer Veröffentlichung in einer Zeitschrift zur Holzbearbeitung den Namen "Boulter" erhielt und heute auch in einer industriell gefertigten Version im Handel ist (vorrangig auf dem englischen Markt). In den folgenden Kapiteln werden die verschiedenen Abarten der "Boulter" besprochen, die jedoch im Prinzip alle gleich sind, wenn auch die Art der Werkstückmontage unterschiedlich ist. Dieses einzige für die Montage hohler Rohlinge konzipierte Futter ist zuverlässig und sicher und ermöglicht die Herstellung eines Falzes am Werkstück, den man später zur Befestigung anderer Teile, wie z.B. des Bodens bei Dosen oder des Glases bei Bilderrahmen, Uhr- und Barometergehäusen nutzen kann. Natürlich kann das Futter auch zur Bearbeitung massiver Rohlinge verwendet werden, wo es in manchen Fällen zu einer erheblichen Minderung des Abfalls beiträgt. So kann zum Beispiel das Innere eines Uhrengehäuses mit Hilfe dieses Futters herausgedreht und später für andere Zwecke verwendet werden. Ein solches Futter wird meistens selbst hergestellt und ist — eine ordentliche Arbeit und einige Vorsichtsmaßregeln vorausgesetzt — trotz seines ungefügen Äußeren sehr sicher. Da der Drechsler überdies vor dem Werkstück und nicht vor dem Futter steht, kann dieses allenfalls für einen Zuschauer gefährlich werden. Gleiches gilt aber auch für viele andere Maschinen, so daß es immer sinnvoll ist, zur Sicherheit von Kindern, Besuchern, aber auch Haustieren in der Werkstatt besondere Vorsicht walten zu lassen.

Abb. 24. Um dieses Futter herzustellen, wird eine Sperrholzplatte von 25 mm Dicke auf eine Planscheibe geschraubt. Am besten ist Bootsbausperrholz geeignet, zumindest aber sollte es eine wasserfest verleimte Qualität sein; Spanplatte oder Tischlerplatte ist ungeeignet. Mit Abständen von jeweils 120° werden in die Platte radiale Schlitze gesägt. Auf einem der Fotos ist auch ein Futter mit 4 Schlitzen zu sehen und für kleine, leichte Bilderrähmchen habe ich ein Futter mit nur zwei Schlitzen; Futter mit 3 Schlitzen sind aber grundsätzlich für alle Arbeiten geeignet. Im Zentrum der Sperrholzplatte wird zum Aufschrauben auf die Planscheibe ein Gewindebolzen angebracht, dessen Kopf in die Rückseite der Sperrholzplatte versenkt wird. Ich verwende solche Futter, von denen ich mehrere Größen besitze, sehr oft, so daß es sich lohnt, die Sperrholzplatten auf den Planscheiben montiert zu lassen. Dreht man die Sperrholzplatte aber auf exakt den gleichen Durchmesser wie die Planscheibe und setzt den Bolzen mit einem Epoxykleber fest, so kann man die Planscheibe problemlos abnehmen und bei Bedarf jederzeit wieder exakt montieren.

Abb. 25. Hier eine professionelle Version der "Boulter" aus Gußeisen. Es ist tatsächlich ein Vergnügen, mit diesem Futter zu arbeiten, auch wenn sein Gewicht rund 4,5 kg beträgt und die Drechselbank nach dem Ausschalten noch lange nachläuft. Sie sehen einen montierten Rohling, der von Greifklauen gehalten wird. Als Sicherheitsmaßnahme ist um Rohling und Greifklauen eine Schelle gelegt, die ein Wegschleudern der Klauen durch die Zentrifugalkräfte verhindert. Daß so etwas passiert, ist zwar sehr unwahrscheinlich, dennoch empfehle ich auch Ihnen diese einfache Sicherheitsmaßnahme. Flügelmuttern mit großen Unterlegscheiben spannen die Greifklauen. Die erforderliche Spannkraft ist nicht sehr groß; es reicht, wenn man die Muttern mit der Hand soweit anzieht, wie es ohne Kraftanstrengung für die Finger geht.

Abb. 26. Hier eine solche Greifklaue. Sie ist aus einem Gewindestab mit 8 mm Durchmesser hergestellt, an den ein Winkeleisen mit 2,5 cm Schenkellänge angeschweißt wurde. Nach dem Schweißen wurde dann der obere Schenkel auf das geeignete Maß gekürzt.

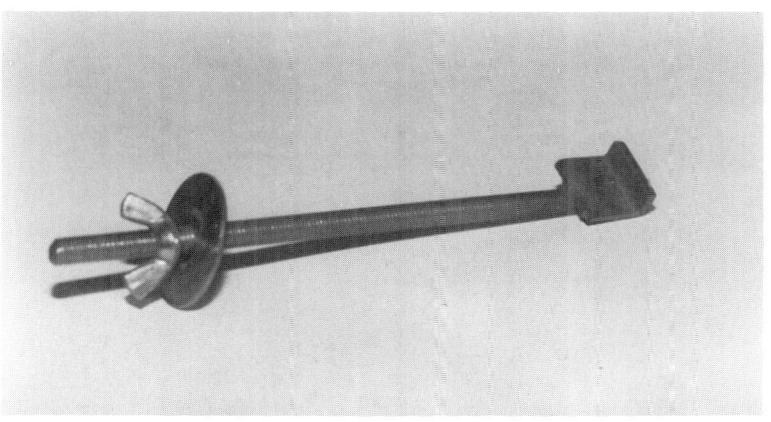

Abb. 27. Eine andere "Boulter", die in Australien hergestellt wird. Sie sehen die Rückseite des schweren Gußteils, das an den Schlitzen noch verstärkt ist, so daß die Muttern sehr fest angezogen werden können.

Abb. 28. Die Vorderseite ist in eine Vielzahl konzentrischer Ringe unterteilt, die das Zentrieren des Werkstücks und das symmetrische Ausrichten der Bolzen sehr erleichtern. Wozu allerdings die beiden Vertiefungen in der Fläche sind, habe ich nicht herausfinden können. Die Bolzen, die hier die Greifklauen ersetzen, richten den ganzen, zur Befestigung des Werkstücks erforderlichen Druck nach innen, eine sehr sichere, kaum zu verbessernde Art der Lastverteilung. Der Rat, die Finger stets diesseits der Werkzeugauflage zu lassen, gilt allerdings auch hier. Dieses Futter wurde von John Still entwickelt; da er solche Futter aber nicht produziert, würde er die Gußform auch anderen Interessenten zur Verfügung stellen.

Abb. 29. Auf der Vorderseite dieser "Boulter" sieht man den bereits erwähnten zentralen Bolzen. Er dient dazu, eine weitere Holzscheibe zu halten, die auf den Innendurchmesser eines hohlen Rohlings abgestimmt ist und in diesen eingesetzt wird. Solche Scheiben erreichen meist eine erstaunliche Lebensdauer, da man sie für viele Werkstücke mit jeweils kleiner werdendem Innendurchmesser schnell anpassen kann.

Abb. 30. Das Anpassen kann an der montierten Scheibe mit dem spitzen Winkel eines Drechslerstahls ähnlich wie in Abbildung 35 erfolgen. Bei der selbstgebauten "Boulter" spielt es keine Rolle, wenn Sie mit dem Stahl auf die Futterplatte treffen. Wie Sie auf dem Foto sehen, ist mir dies bei diesem Futter schon oft passiert. Bei Metallplatten empfiehlt sich eine hölzerne Unterlage für die Scheibe, obgleich dort manche Befestigungsarten solche Vorsicht überflüssig machen.

Abb. 31. Wenn alle Stäbe gleich lang und die Holzscheibe gut angepaßt ist, sollte der Rohling, wie hier gezeigt, auch ohne Greifklauen auf dem Futter sitzenbleiben. Sitzt der Rohling zu locker, so ist das weniger schlimm als ein zu strammer Sitz.

Abb. 32. Nun können die Greifklauen eingelegt und mit den Flügelmuttern gespannt werden. Zu strammes Spannen ist nicht nur unnötig, sondern sogar schädlich. Ihre Finger dürfen beim Anziehen der Flügelmuttern nicht schmerzen. Tun sie es doch, so ist die Spannung mit Sicherheit zu hoch. Manche Drechsler tauchen die Enden der Klauen in weiße oder fluoreszierende Farbe, um sie während des Drechselns deutlich sehen zu können — keine schlechte Idee, doch wie wir noch sehen werden, gibt es dazu auch andere Möglichkeiten.

Abb. 33. Zur Sicherheit wird eine Schelle um Rohling und Klauen gelegt. Sie darf ebenfalls nicht zu stramm angezogen werden.

Abb. 34. Hier ein anderer, größerer Rohling. Die Markierungslinie zeigt an, bis zu welcher Stelle der Stahl geführt werden darf, ohne auf den Winkel der Klauen zu treffen. Nur der Demonstration wegen habe ich hier lediglich 2 Greifklauen montiert; besser sind auch hier die üblichen 3.

Abb. 35. Die Drechselbank läuft mit etwa 1000 U/min, sollte jedoch nicht schneller als 1500 U/min drehen; als Werkzeug verwende ich einen etwa 0,6 cm breiten, schrägen Drechslerstahl, und die Werkzeugauflage habe ich in der Höhe so eingerichtet, daß die Stahlspitze in Höhe des Werkstückzentrums ansetzt. Für die genaue Einstellung bedeutet dies Spitzenhöhe abzüglich halber Dicke des verwendeten Stahls. Eigentlich kann man für diese Arbeit jeden beliebigen Drechslerstahl nehmen, doch da bei solch relativ groben Arbeiten der Stahl schnell stumpf wird und sich ein schmaler Stahl schneller schärfen läßt als ein breiter, nehme ich gern einen schmalen. Prüfen Sie zunächst, ob alle Teile sicher befestigt sind und drehen Sie das Werkstück erst einmal von Hand, bevor Sie die Maschine einschalten. Bleiben Sie dann mit den Fingern schön diesseits der Werkzeugauflage und widerstehen Sie zum Schluß unbedingt der Versuchung, das nachlaufende Werkstück mit der Hand zu bremsen. So etwas kann sehr schmerzhaft enden!

Abb. 36. Ein solch hohler Rohling läßt sich auch über eine größere Tiefe ungleich einfacher bearbeiten als ein massiver, und auch ein Falz bereitet keinerlei Probleme. Halten Sie den Stahl stets scharf, da er sonst über das Holz rutscht und nicht mehr richtig schneidet. Bevor Sie schließlich den letzten, feinen Span abnehmen, sollten Sie den Stahl auf jeden Fall neu abziehen oder schleifen. Ein Span von höchstens 1,5 mm Dicke liefert bei den meisten Hölzern ein gutes Ergebnis, bei sehr harten Hölzern sollte er noch dünner sein; grundsätzlich aber sind zwei oder drei dünne Späne immer besser als ein dicker.

Abb. 37. Hier wird die Bodenplatte gedrechselt, die exakt, aber auf keinen Fall zu stramm sitzen sollte; mit einem breiten Abstechstahl läßt sich die endgültige Anpassung sehr genau erreichen. Am besten stellt man die Platte bereits in diesem Stadium vollständig fertig, da man sie bei einem tieferen Werkstück später doch nur schwer erreicht.

Abb. 38. Aus der ungefügen Röhre ist inzwischen ein ganz normales Werkstück geworden, das auf die gewohnte Weise weiter bearbeitet werden kann. An dieser Stelle will ich noch einmal die beiden Grundregeln des Drechselns wiederholen, die hier wie auch bei allen anderen Arbeiten nicht nur teures Holz sparen, sondern auch erheblichen Ärger vermeiden helfen: "Es ist sehr viel leichter, vom Werkstück einen Span abzunehmen, als ihn wieder dorthin zu bekommen!" und "Einmal schneiden, aber zweimal messen!"

Abb. 39. Der Rohling ist aus Mexiko-Palisander (Cordia docec.) aus Mittelamerika. Dieses Holz kann von Scheit zu Scheit sehr unterschiedlich sein, mal verläuft die Maserung wie mit dem Lineal gezogen, ein anderes Mal in wildem Muster, mal ist das Holz sehr weich, ein anderes Mal extrem hart. Darüber hinaus zeigen sich bei dieser Art während der Arbeit häufig unangenehme Überraschungen. Für Dinge wie Keksschalen, Gurken- oder Marmeladengefäße ist das Holz aber recht brauchbar. Für viele solcher Arbeiten ist ein herausnehmbarer Einsatz sehr nützlich; man kann ihn nicht nur leicht reinigen, sondern auch in den Kühlschrank stellen, was dem Holz selbst nicht so gut bekäme. Der Rohling hier wurde, wie in Abbildung 35 beschrieben, innen auf das gewünschte lichte Maß abgedreht; hier wird der für die Oberkante des Einsatzes erforderliche Falz angerissen. Der Einsatz soll im Werkstück gerade so viel Spiel haben, daß er sich auch mit Inhalt leicht herausnehmen läßt und dennoch nicht wackelt. In Läden mit Gefrierbehältern finden Sie übrigens meist auch brauchbare Einsätze.

Abb. 40. Ist der Einsatz eingepaßt, kann der Falz für den Deckel hergestellt werden. Der dient mir hier als Lehre.

Abb. 41. Der Deckelfalz kann anschließend eine passend gedrehte Sperrholzscheibe aufnehmen, so daß man nun den ganzen Rohling zwischen den Spitzen einspannen und auch außen fertigstellen kann. Sie werden übrigens staunen, wie schnell und mit wie wenig Abfall man solche Rohlinge zu einem perfekten Zylinder abdrehen kann.

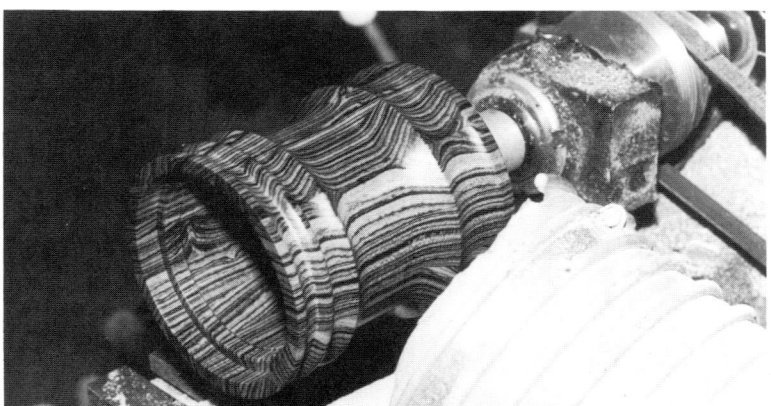

Abb. 42. Mit der Spitze eines sehr scharfen schrägen Drechslerstahls bearbeite ich hier die Oberkante des Werkstücks. Die eingesetzte Sperrholzscheibe verhindert dabei jede Beschädigung der Innenkante und schadet ihrerseits auch nicht dem unachtsam vorgeschobenen Stahl. Ist das Werkstück in anderer Weise befestigt, glättet man besser erst die Oberkante und stellt den Deckelfalz zum Schluß her.

Abb. 43. Hier die fertige Dose, innen und außen poliert. Wenn Sie einmal ausrechnen, wie wenig Holz man für solch eine Arbeit braucht und den Arbeitsaufwand mit solch einem hohlen Werkstück nachkalkulieren, werden Sie sich nur ungern wieder an einen massiven Rohling machen wollen.

Abb. 44. Bei vielen Dosen muß der Einsatz nicht herausnehmbar sein. Ich will deshalb den Einbau eines festen Einsatzes ebenfalls beschreiben. Bei Keksdosen, Eiskübeln oder Weinkühlern kann man natürlich auch sehr gut Einsätze verwenden, die eigentlich zum Aufbewahren von Lebensmitteln oder zu anderen Zwecken gedacht sind. Hier habe ich ein übriggebliebenes Werkstück montiert, aus dem ich bei Bedarf Zubehörteile für andere Arbeiten aus gleichem Holz herstelle. An der Oberkante habe ich einen Ring gedrechselt, mit dem ich den Einsatz in einer anderen Dose festsetzen will.

Abb. 45. Der Ring ist geschliffen und abgestochen, der Außendurchmesser so exakt wie möglich auf den Innendurchmesser der Dose abgestimmt. Mit einem dünnen Abstechstahl habe ich unnötigen Abfall beim Abstechen weitgehend vermeiden können, so daß das Werkstück noch für etliche Teile zu gebrauchen ist.

Abb. 46. Mit dem Ring will ich nun den Einsatz der in den Abbildungen 39 bis 43 gezeigten Dose festsetzen. Die Dose hat einen zylindrischen Einsatz, also auch einen zylindrischen Innenraum, der das Einsetzen des Rings einfach macht.

Abb. 47. Der Ring wird in die Dose eingeleimt und die Dose nach dem Trocknen des Leims wieder auf der Drechselbank montiert.

Abb. 48. Hier wird die Oberkante mit einem schmalen Drechslerstahl geglättet, diesmal aber jedoch in umgekehrter Reihenfolge. Um eine unversehrte Innenkante zu erhalten, steche ich nur sehr vorsichtig ein.

Abb. 49. Eine sehr saubere Kante ergibt sich, wenn der letzte Arbeitsgang von der Innenkante aus erfolgt. Jedoch auch hier ist Vorsicht geboten, damit der Stahl nicht auf den Einsatz trifft.

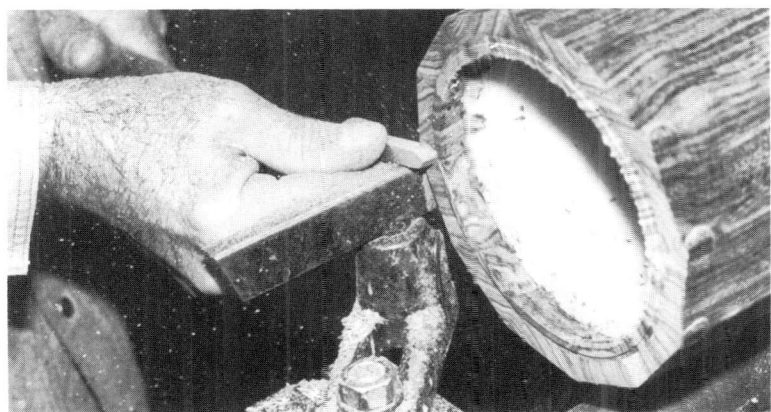

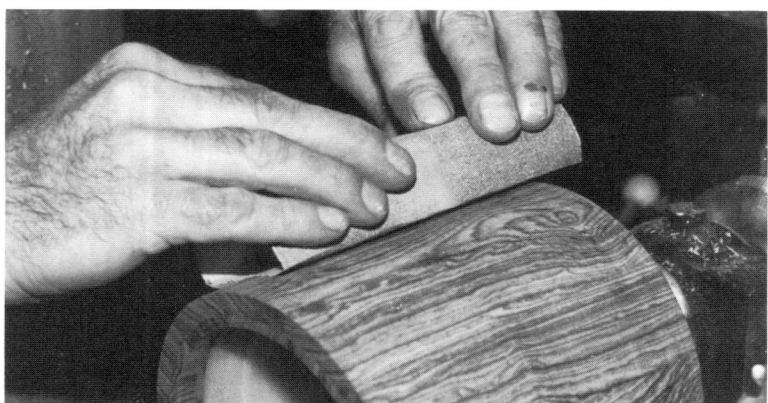

Abb. 50. Beim Schleifen sollte die schleifende Hand möglichst ständig von der anderen unterstützt werden. Bei einer glatten Kante wie hier, liefert ein Schleifklotz beste Ergebnisse.

Abb. 51. Für die zylindrische Außenfläche ist der Schleifklotz ebenfalls bestens geeignet, da er für bestmögliche Ebenheit sorgt. Schleifen Sie mit mäßigem Druck und seien Sie besonders an den Kanten sehr vorsichtig.

Abb. 52. Hier die fertige Keksdose. Für viele Dosen wird ein Einsatz gar nicht nötig sein, Lebensmittel, Tabak, kosmetische Cremes oder andere klebende oder feuchte Dinge bewahrt man aber doch besser in einer Dose mit Einsatz auf. Die beiden bisher beschriebenen Arbeiten sind aus Palisanderholz und beide in Abbildung 2 abgebildet.

Abb. 53. Anders als in den Abbildungen 44 bis 52 dargestellt, setze ich zum Beispiel bei Eiskübeln den Einsatz lieber vom Boden her ein. Das Einbringen einer Wärmedämmung (als Thermopete im Tapetengeschäft erhältlich) ist vom Boden her sehr viel einfacher, und außerdem kann man die Innenflächen des Werkstücks vorher gegen Kondenswasserschäden leicht versiegeln. Der Rohling wird, wie beschrieben, auf der "Boulter" montiert und kann im Inneren vollständig fertiggestellt werden. Da es schwierig ist, in der Röhre den exakten Durchmesser festzustellen, kann man sich aus einem passenden Abfallholz eine Lehre drechseln, die man in den Rohling hineinschieben kann. Mit ihr kann man auch in größerer Tiefe den Arbeitsfortschritt leicht kontrollieren.

Abb. 54. Dieser Rohling wurde aus 12 Kernsegmenten Makassar-Ebenholz hergestellt. Er ist im Inneren etwa 18 cm tief mit einem langen, großen Drechslerstahl bearbeitet worden. Mit der Lehre, die hier noch im Werkstück steckt, konnte ich die Arbeiten sehr exakt überprüfen, so daß der Einsatz weder klemmen noch wackeln wird.

Abb. 55. Für die 3 mm dicke Dämmung mußte ich noch einmal 1,5 mm abnehmen, bevor ich die Innenfläche schleifen und versiegeln konnte.

Abb. 56. Hier eine andere Lehre aus einer Sperrholzscheibe mit Griff, der wir später noch einmal begegnen werden.

Abb. 57. Wenn der Falz für die Bodenplatte fertiggestellt ist, können das Werkstück vom Futter genommen und Dämmung und Einsatz eingesetzt werden. Am Boden können 2 oder sogar 3 Dämmschichten eingebaut werden. So wird dort die Dämmung und gegebenenfalls auch der Sitz des Einsatzes verbessert. An den Wänden dagegen reicht eine Dämmschicht aus.

Abb. 58. Sind alle Teile eingepaßt und zunächst "trocken" überprüft, kann der Boden eingeleimt werden. Zum Trocknen kann die Dose in die Drechselbank eingespannt oder mit einer Schraubzwinge vorsichtig zusammengedrückt werden.

Abb. 59. Nach vollständigem Trocknen des Leims wird die Dose wieder montiert. Für einfache Oberflächengestaltungen ist ein Schruppstahl bestens geeignet. Hier sehen Sie übrigens gut, daß diese Dose keinen Deckelfalz hat. Ebenholz fasziniert mich besonders deshalb, weil es schwarzes Kernholz und creme- bis rosafarbenes Splintholz hat. Ich konnte mich schon deshalb nicht zu einem Falz entschließen.

Abb. 60. Hier noch einmal der Arbeitsgang mit dem Schruppstahl, diesmal jedoch mit einem anderen Ansetzwinkel. Der Stahl wird mit dem Griff leicht abwärts gehalten und muß sehr gut geschärft sein. Nicht nur um unnötigen Druck auf die Befestigung des Werkstücks zu vermeiden, sondern auch um eine optimale Oberfläche zu erhalten, sollte man nur hauchdünne Späne abnehmen.

Abb. 61. Hier ein Rohling aus Cocoholz (Dalbergia retusa) aus Nicaragua oder den angrenzenden Gebieten. Er ist nach der beschriebenen Methode bearbeitet und soll nun einen quergedrechselten Boden erhalten, der in die Gestaltung der Unterkante mit einbezogen wird. An dieser Stelle Hirnholz zu zeigen, sollte man aber möglichst vermeiden.

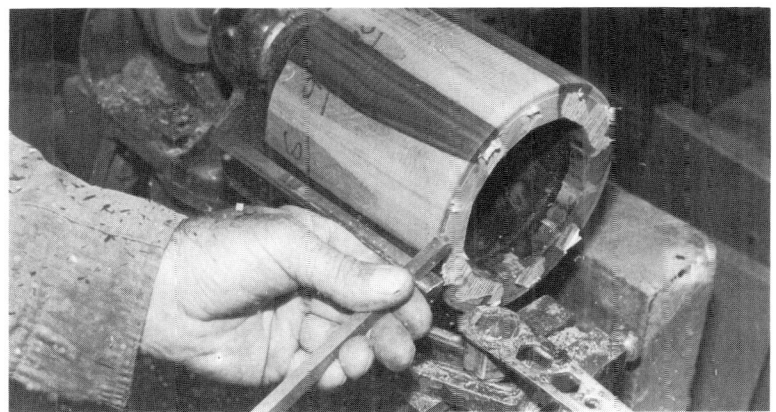

Abb. 62. Zwei typische Behälter, die sich gut als Einsatz eignen. Der linke Behälter ist aus einem relativ weichen, bis zu einem gewissen Maß biegsamen Kunststoff, der rechte dagegen ist hart und spröde, weswegen ich solche Behälter nicht so gern verwende. Beide Arten gibt es in vielen Formen und Größen und kosten in der Regel nichts.

Abb. 63. Falls Sie Schellen der richtigen Größe nicht bekommen können, setzen Sie mehrere kleinere aneinander. Für diesen Rohling aus einem Holz von den Andamanen habe ich eine flexible Zwinge genommen, die für größere Rohlinge erstklassig ist.

Abb. 64. Der gleiche Rohling auf einer "Boulter" mittlerer Größe. Bei diesem Futter ist der Rand nicht geschlitzt, so daß die Scheibe eine größere Stabilität hat. Die Schelle habe ich nur weggelassen, um die Einspannung des Rohlings besser zeigen zu können. Verwenden Sie aber stets eine Schelle, erst recht bei Werkstücken großen Durchmessers. Einem Anfänger werden Werkstücke dieser Größe möglicherweise Angst einjagen, mit der Zeit aber wird er die großen einfacher finden als die kleinen. Wegen des großen Innenraumes kann man hier den Werkzeugansatz sehr schön sehen. Die Drehzahl bei solch großen Rohlingen braucht nicht so hoch zu sein, etwa 750 U/min reichen vollkommen.

Abb. 65. Hier ist ein zum Boden hin leicht konischer Rohling eingesetzt, die Dämmschicht wird in trapezförmige Teile geschnitten und in den Zwischenraum geschoben. Erstaunlich war auch bei dieser Arbeit, wie wenig Abfall anfiel und wie schnell die Wände geglättet waren. Als Boden soll bei diesem Werkstück eine Sperrholzplatte oder eine wie in Abbildung 245 dargestellte Schichtholzplatte eingesetzt werden, die diesem Werkstück, das als Eiskübel großen Temperaturunterschieden ausgesetzt sein wird, eine große Stabilität geben soll.

Abb. 66. Die Außenflächen werden wie gewohnt bearbeitet. Bei Dosen dieser Größe empfiehlt es sich jedoch, den Deckel oder eine provisorische Sperrholzscheibe einzusetzen und die Dose zwischen die Spitzen zu nehmen.

Abb. 67. Mit einer Variation der beschriebenen Technik hat einer meiner Freunde diesen Armreif hergestellt. Er ist aus Bergahorn-Segmenten, die jeweils durch ein Ebenholzfurnier voneinander getrennt sind, und hat nach der zu den Abbildungen 429 bis 432 beschriebenen Methode eine Einlage erhalten. Man kann aus einem Rohling mehrere solcher Reifen drechseln, ohne daß der Rohling ummontiert werden müßte. Bis auf einen kleinen Bereich kann man jeden Ring vor dem Abstechen vollständig fertigstellen und ihm auf einem selbstgebauten Futter den letzten Schliff geben. Eine weitere Möglichkeit wird in Kapitel 17 vorgestellt.

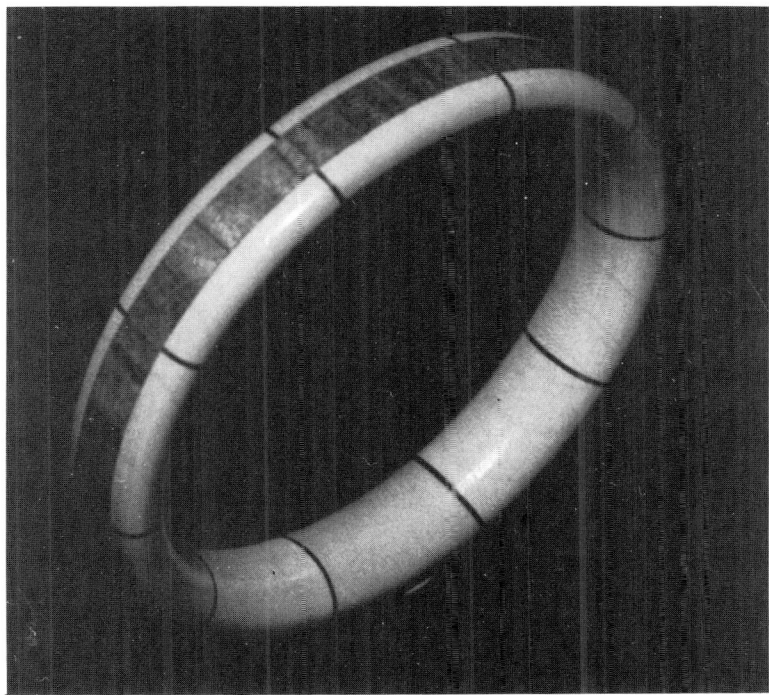

3. Zuschneiden und Verleimen der Hölzer

— Gestalten von Deckeln —

Abb. 68. Zur Herstellung der Deckel gibt es unterschiedliche Techniken, von denen ich hier ein paar vorstellen will. Beginnen will ich mit einem Deckel aus massivem Holz. Den Rohling dafür will ich aus einem Reststück herstellen, das wohl viele Leute weggeworfen oder von dem sie das Splintholz entfernt und nur das Kernholz verwendet hätten.

Abb. 69. Auf einer Bandsäge schneide ich aus dem Holzstück eine Scheibe. Für solch grobe Arbeiten sind Sägeblätter mit höchstens 1 1/2 stark verschränkten Zähnen je cm bestens geeignet.

Abb. 70. Der Rohling wird dann auf einem Schraubfutter mit einer zentralen Schraube montiert. Eine durchgehende Bohrung in der Mitte des Rohlings ermöglicht es, das Werkstück zur Bearbeitung der Rückseite auf dem gleichen Futter umgedreht zu montieren.

Abb. 71. Schon nach wenigen Arbeitsgängen ist das Bild der Maserung deutlich zu erkennen. Eine andere Gestaltung des Rohlings hätte jedoch ein ganz anderes Bild freigelegt. Da man von solchen Stücken nur in Ausnahmefällen mehr als eines hat, lohnt es sich unbedingt, vor der Weiterarbeit die Gestaltung des Werkstücks genau zu überlegen, um das bestmögliche Maserungsbild zu erreichen. Hier sehen Sie die fast perfekte Symmetrie der Maserung.

Abb. 72. In der Nahaufnahme sehen Sie, daß ich mit meiner Gestaltungsidee nicht sehr erfolgreich war. Die Maserung ist zwar immer noch interessant, die Ausgeglichenheit ist jedoch dahin.

Abb. 73. Die Möglichkeiten, die sich dem Drechsler mit zusammengesetzten Rohlingen erschließen, sind sehr vielfältig. Manche der traditionellen Techniken der Möbelschreiner lassen sich sehr gut für die Drechselbank variieren und liefern ebenso eindrucksvolle Ergebnisse. Von diesen Hölzern aus meinem Fundus habe ich das linke längere Zeit abgelagert, da ich mich nicht entschließen konnte, dieses einmalige Stück zu zerteilen. Den mittleren Rohling habe ich aus Stäben zusammengesetzt, für die ich reichlich Holz hatte. In Abbildung 1 zum Beispiel sehen Sie hinten rechts einen Deckel, der aus diesem Rohling gedrechselt wurde. Schichtung und Zentrierung des Rohlings mußten für diese Arbeit sehr exakt sein. Rechts sehen Sie unten ein seltenes Stück mit heller Splintholzkante, dessen Verarbeitung in den folgenden Bildern gezeigt wird. Darauf liegt ein wenig gelungener, zusammengesetzter Rohling, bei dem sich der Maserungsverlauf über die Länge des Holzes stark ändert, so daß die Symmetrie der Segmente schon nach wenigen Zentimetern verlorengeht.

Abb. 74. Hier aber haben wir ein Kingwood-Kantholz (Dalbergia cearensis), bei dem die Maserung über die ganze Länge vollkommen gleich ist und das durch den geradezu dramatischen Kontrast zwischen dem dunklen Purpur und Schwarz des Kernholzes und dem Cremeton des Splintholzes besticht.

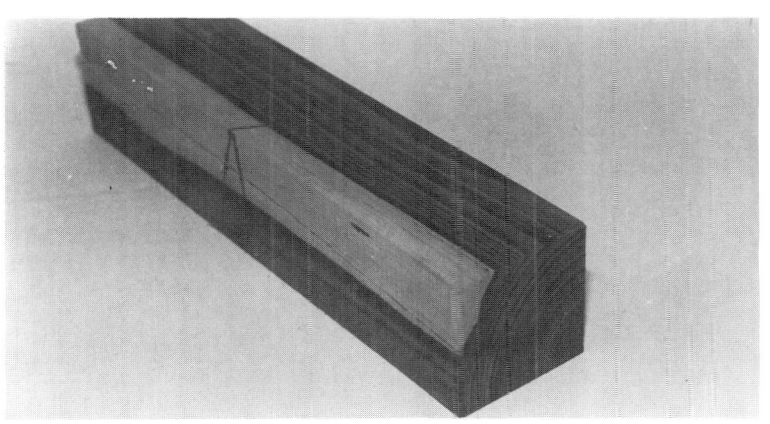

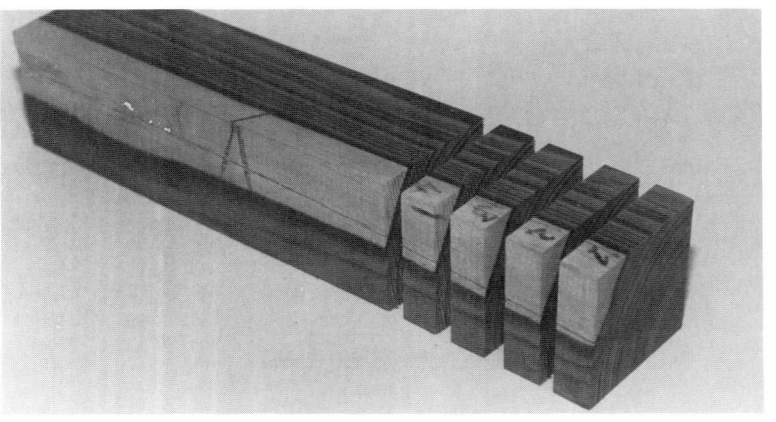

Abb. 75. Von diesem Holz habe ich 4 Scheiben von gut 1 cm. Dicke abgetrennt und numeriert. Ich habe dazu die dünnste meiner Sägen genommen, einmal, um möglichst wenig Abfall zu produzieren, zum zweiten aber, um jeweils zwei Schnittflächen mit möglichst gleicher Maserung zu bekommen. Der Riß im Splintholz wird übrigens später keine Probleme machen, da die Verleimung der Teile für eine ausreichend hohe Festigkeit sorgen wird.

Abb. 76. Nachdem die Nummern auf die Frontfläche übertragen sind, können die Teile im gewünschten Muster zusammengelegt und die erste Stoßkante vorbereitet werden.

Abb. 77. Das helle Splintholz soll ein rautenförmiges Muster bilden; ich leime deshalb zunächst zwei Teile spiegelbildlich zusammen. Wie Sie sehen, muß vom rechten Teil oben noch ein hauchdünner Streifen abgenommen werden, was man aber erst nach vollständigem Trocknen des Leims tun sollte.

Abb. 78. Am besten setzt man die Teile in einer Stoßlade oder, wenn nicht vorhanden, in einer Gehrungslade zusammen, was ich hier mit den beiden übrigen Scheiben mache.

Abb. 79. Hier der fertig zusammengesetzte Rohling, der sowohl in der Zentrierung der Einzelteile als auch in der Symmetrie der Maserung fast perfekt ist. Diesen Rohling habe ich für die Front eines Uhrgehäuses verwendet. Für Deckel ohne Knopf in der Mitte, wie sie zum Beispiel in Abbildung 2 gezeigt sind, klebt man den Rohling am besten exakt zentriert auf ein anderes Holz, dreht ihn dann auf die gewünschte Größe, setzt ihn dann auf die Dose und dreht zum Schluß das aufgeklebte Holz wieder ab.

Abb. 80. Da die bei einem Schraubfutter üblichen Holzschrauben solch ein zusammengesetztes Teil leicht spalten, müssen wir hier eine Kopfschraube verwenden. Solch eine Kopfschraube ist ein Gewindebolzen mit dem Senkkopf einer normalen Holzschraube. Dieses Futter ist für Holzschrauben mit einem Schaft von 6 mm Durchmesser eingerichtet, so daß sich eine 6 mm dicke Kopfschraube ebensogut einsetzen läßt. Es ist wichtig, daß die Schraube genau paßt, da sich das Werkstück sonst nicht exakt montieren läßt.

Abb. 81. Das kleine Schraubfutter mit der Kopfschraube ist eingesetzt und hat eine Hartfaserplatte als Unterlage für das Werkstück erhalten. Die Hartfaserplatte schützt die Rückseite des Werkstücks, verhindert aber auch eine Beschädigung des Stahls am Futter. Das Werkstück hat eine exakt zentrierte Bohrung erhalten, so daß die Symmetrie der Maserung erhaltenbleibt.

Abb. 82. Vor dem Werkstück sitzt noch einmal eine Hartfaserplatte, davor eine große Stahlscheibe und darauf dann die Mutter, mit der die Teile auf der Kopfschraube festgezogen werden. Drehen Sie die Mutter zunächst mit den Fingern fest und dann ein klein wenig mit dem Schlüssel nach. Jetzt kann der Rohling zu einem Zylinder gedrechselt werden.

Abb. 83. Jetzt können wir einen üblichen Rohling auf dem Schraubfutter montieren und für die zusammengesetzte Scheibe eine Ausnehmung herstellen. Wir müssen nur darauf achten, daß für die Holzschraube genügend Holz stehenbleibt.

Abb. 84. Die Ausnehmung wird unter ständigem Messen soweit vergrößert, bis die Scheibe exakt hineinpaßt. Hier überprüfe ich die Größe der Ausnehmung mit Hilfe der Scheibe, die ich mit dem Ende der Kopfschraube halte (die hier noch im Futter eingesetzt ist). Auf diese Weise stört die Holzschraube des montierten Futters nicht, da sie in die Zentralbohrung der Scheibe paßt, und außerdem brauche ich die Scheibe nicht an der Seitenfläche anzufassen, was für die Haftung des Leims von Nachteil wäre. Bei sehr teuren Hölzern könnte man übrigens die Scheibe nur in halber Tiefe einleimen und den überstehenden Teil nach dem Trocknen des Leims absägen und für weitere Arbeiten verwenden.

Abb. 85. Zum Einleimen kann man das Futter als Schraubzwinge verwenden. Das Werkstück wird abgenommen, in der Mitte mit 6 mm Durchmesser durchbohrt und mit der eingesetzten Mittelscheibe auf der Kopfschraube montiert. Mit einer Hartfaserscheibe als Schutz kann die Mutter festgezogen werden. Futter und Schraube sorgen nun dafür, daß beide Teile exakt ineinander sitzen. Lassen Sie den Leim vor der weiteren Bearbeitung vollständig trocknen.

Abb. 86. In einen nicht mehr benötigten Rohling können Sie nun einen Falz arbeiten, in den sich das Werkstück zur weiteren Bearbeitung einsetzen läßt.

Abb. 87. Leimen Sie den Deckel am Rohling fest und gestalten Sie ihn nach Ihrem Geschmack.

Abb. 88. Hier haben wir den Deckel der in Abbildung 2 oben rechts gezeigten Dose. Er kann nun mit einem schmalen Abstechstahl vom Rohling abgestochen werden.

Abb. 89. Man könnte den Deckelrohling natürlich auch in einen entsprechend vorbereiteten Falz der Originaldose einsetzen, dort fertigstellen, abstechen und zur Fertigstellung der Unterseite mit dem Dosenboden zusammen auf einer Planscheibe oder einem Schraubfutter montieren.

Abb. 90. Hier ist der Deckel abgestochen und kann nun zur Bearbeitung der Unterseite umgedreht montiert werden.

Abb. 91. Die Vorteile des Schraubfutters mit der Kopfschraube kommen auch bei diesem Arbeitsgang voll zur Geltung. Das Werkstück läßt sich nicht nur problemlos umdrehen, sondern man erreicht auch jeweils die gesamte Oberfläche, was für Werkstücke, bei denen man später alle Seiten sehen kann, von besonderer Bedeutung ist. Das Loch in der Mitte schließlich wird anschließend mit einem pilzförmigen Knopf verdeckt, dessen Herstellung in den Abbildungen 394 bis 397 noch gezeigt wird.

4. Rohlinge aus Schichtholz

— Herstellen von Deckeln —

Abb. 92. In diesem Kapitel soll eine Methode vorgestellt werden, die sich besonders zum Drechseln von Schalen oder schalenähnlichen Gegenständen, aber auch für andere Formen eignet. In diesem Zusammenhang will ich noch einmal auf die Sicherheitsvorkehrungen hinweisen, da Arbeiten nach dieser Methode nicht ganz ungefährlich sind. Für die Handhabung verstellbarer Anschläge an Tischkreissägen gibt es meines Wissens keine speziellen Sicherheitsregeln oder -einrichtungen, jedoch läßt sich durch einfache Schutzvorrichtungen, die ein Berühren des Sägeblattes auf der Rückseite der Führung unmöglich machen, eigentlich jede Gefahr bannen. Der Holzklotz links an der Führung schützt die linke Hand, während der Holzdübel rechts auf der Führung die rechte Hand schützt. Mit keiner der beiden Hände erreicht man die gefährliche Zone hinter der Führung, wenn man das Gerät so benutzt, wie ich es hier zeige. Die Führung wird mit Hilfe eines verstellbaren Winkelmaßes eingerichtet, wobei man natürlich auch den Winkel auf der anderen Seite des Sägeblattes nehmen kann, was manchen Leuten lieber ist.

Abb. 93. Ist der Winkel eingestellt, kann als Längenanschlag die Leiste vorn eingestellt werden. Als Einstellehre für den Längenanschlag kann man vorhandene Muster oder Rohlingsegmente sehr gut verwenden; zum Einrichten des Winkels sind sie jedoch viel zu klein.

Abb. 94. Ist das Holz für den Rohling soweit vorbereitet und hat es — was für die hier geplante Arbeit von besonderer Bedeutung ist — eine einheitliche Dicke, so wird zuerst der Winkel am Ende des Holzes zugeschnitten.

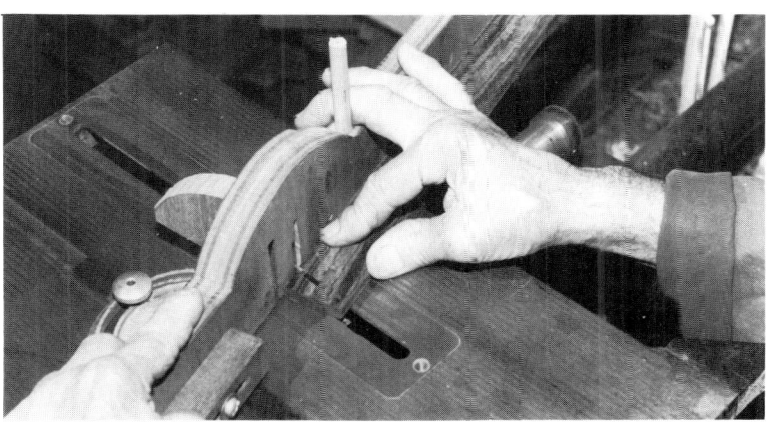

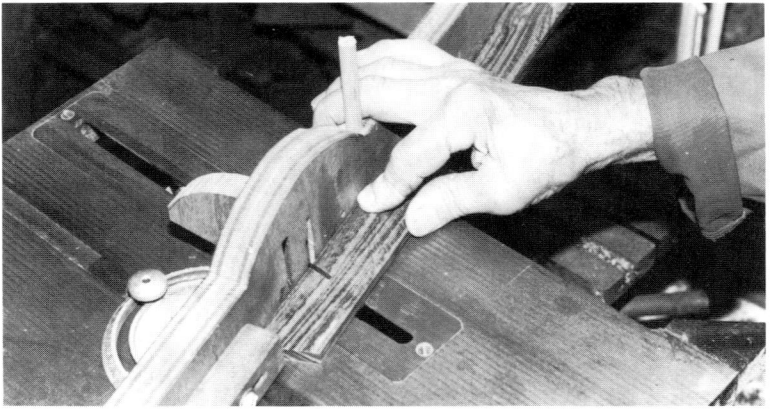

Abb. 95. Nun können nacheinander die erforderlichen Abschnitte hergestellt werden. Das Holz wird nach jedem Schnitt umgedreht, an die Führung gelegt und die Führung mit beiden Händen vorwärts geschoben (ich habe hier die linke nur wegen des Fotos weggenommen). Schieben Sie die Führung langsam, aber gleichmäßig, auf keinen Fall mit Gewalt vor, damit die Säge einen sauberen, glatten Schnitt liefert. Auch für diese Arbeiten ist das wolframkarbid-bestückte Sägeblatt sehr gut; von den vielfach angebotenen Kombinationssägeblättern halte ich nicht viel, da sie nach meiner Erfahrung weder beim Sägen mit der Faser noch quer zu ihr so präzise Schnittflächen liefern, wie ich sie nur für meine Arbeiten wünsche.

Abb. 96. Falls Sie keine Tischkreissäge haben, können Sie sehr exakte Ergebnisse auch mit einer Handsäge und einem Abrichthobel herstellen. Hobeln Sie in der entsprechend eingerichteten Lehre aber zunächst nur eine Seite der Hölzer und richten Sie dann die Lehre für die andere Seite neu ein. Wenn Sie nun die Hölzer nacheinander einlegen und jeweils solange hobeln bis das Hobelmesser nicht mehr greift, erhalten Sie alle Teile mit exakt gleichen Winkeln und in exakt gleicher Länge. Das Hobelmesser dürfen Sie während dieser Arbeiten jedoch nicht verstellen, da das die Länge der Teile verändern würde. Bei harten Hölzern oder vielen und großen Teilen sollten Sie das Messer stets vor der Arbeit neu schleifen und abziehen. Man kann auch einige dünne Sperrholzplatten unter den Hobel legen und nach einiger Zeit jeweils eine davon wegnehmen, so daß der Hobel dann mit einem anderen Teil des Messers arbeiten kann und das Schärfen überflüssig ist.

Abb. 97. Die auf Gehrung geschnittenen Teile für die im 15. Kapitel behandelte Arbeit sind auf die gleiche Weise mit einer geringfügigen veränderten Lehre hergestellt worden. Von Hand geschnittene, nicht mit dem Hobel abgerichtete Teile wären in keinem Fall so exakt geworden.

Abb. 98. Vor dem Verleimen der Teile sollten sie "trocken" zusammengesetzt und die verstellbare Zwinge auf das richtige Maß eingestellt werden. Bei dünnen Teilen wie diesen muß man eine Scheibe aus Spanplatte oder Sperrholz mit etwas kleinerem Durchmesser unterlegen; sie bringt das Werkstück in die Mitte der Zwinge, wo es gleichmäßiger eingespannt ist als am Rand.

Abb. 99. Auf die Scheibe kommt noch eine Papierlage, die das Zusammenkleben von Rohling und Scheibe verhindern soll. Nun können die Teile des Rohlings eingelegt und verleimt werden. Ich reibe übrigens die Wände der Zwinge vorher mit einem Möbelwachs ein, das die Entfernung des aus den Fugen gedrückten Leims und außerdem das Einsetzen des letzten Segmentes erleichtert. Seien Sie aber mit dem Wachs sehr vorsichtig; es verhindert nicht nur die Haftung des Leims an der Zwinge, sondern natürlich auch die Haftung am Rohling, wenn dieser etwas abbekommt.

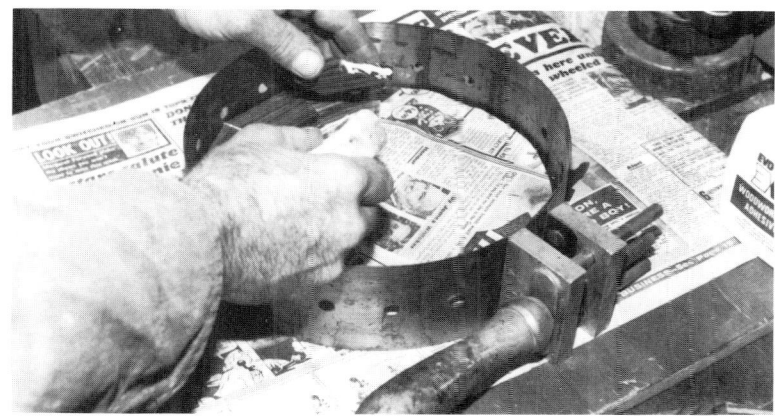

Abb. 100. Auf die erste Holzlage kann nun eine zweite aufgebracht werden. Dazu wird in einer möglichst gleichmäßigen Schicht Leim auf das Holz aufgetragen, was man am besten mit einem Kammspachtel macht. Darauf kommt dann die nächste Holzlage und darauf im gleichen Verfahren gegebenenfalls weitere Lagen. Solch eine verstellbare Zwinge hat übrigens keine allzu große Zwängkraft, sondern wirkt mehr als Form. Wenn sie beim "trockenen" Zusammensetzen gut eingestellt wurde, braucht sie jetzt nur geringfügig nachgespannt zu werden.

Abb. 101. Zum Schluß werden noch einmal Papier und eine weitere Schutzscheibe aufgelegt.

Abb. 102. Mit Schraubzwingen wird das Laminat nun leicht zusammengedrückt, bis der Leim abgebunden hat.

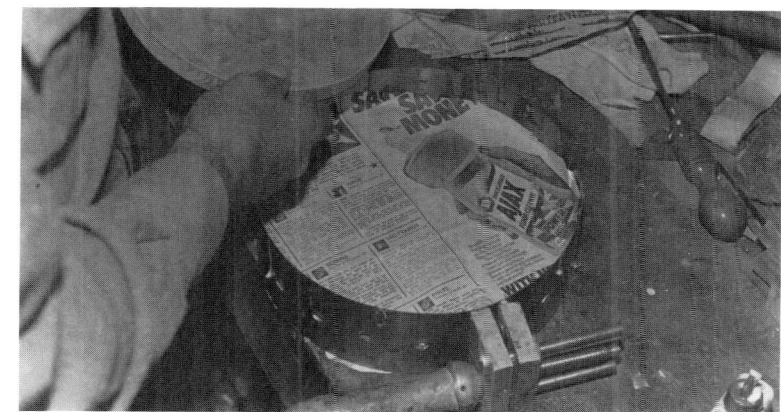

Abb. 103. Danach kann das Werkstück aus der Zwinge genommen und mit einem kleinen Hobel auf der Werkbank gesäubert werden. Man kann auf diese Weise aber auch eine Seite des Werkstücks vollkommen fertigstellen, so daß man es auf der Drechselbank später nicht mehr umzudrehen braucht. Den weiteren Werdegang dieses Rohlings werden wir in einem späteren Kapitel weiter verfolgen.

Abb. 104. Kleinere einschichtige Rohlinge wie diese lassen sich in einfache Schellen einspannen. Wichtig ist dabei lediglich, daß man immer auf einer ebenen Fläche arbeitet.

Abb. 105. Bei Werkstücken wie diesen ist eine andere Zentriermethode auf der "Boulter" zu empfehlen. Hier die Rückseite des Futters mit den drei Schlitzen und einer kleinen Planscheibe. Sie können natürlich auch eine größere Planscheibe nehmen, werden dann aber beim Befestigen der Greifklauen in den Schlitzen leicht behindert, so daß ich Scheiben mit etwa 8 cm Durchmesser bevorzuge.

Abb. 106. Statt eines Bolzens zur Sicherung der Zentrierscheibe, habe ich hier eine Ausnehmung von etwa 6 mm Tiefe und 5 cm Durchmesser gedrechselt.

Abb. 107. Auf einem Schraubfutter habe ich dann eine Sperrholzplatte montiert und diese auf einen Durchmesser gedrechselt, der der lichten Öffnung des Rohlings entspricht. In Plattenmitte habe ich dann einen Zapfen hergestellt, der locker in die Ausnehmung der ''Boulter'' paßt.

Abb. 108. Hier habe ich den Rohling von Abb. 104 locker auf diese Zentrierscheibe gesteckt. Die Schelle habe ich noch am Rohling belassen, um Beschädigungen zu vermeiden. Da die Segmente dieses Rohlings lediglich an den Stirnseiten verleimt sind, könnten die folgenden Arbeiten den Rohling sonst leicht reißen lassen.

Abb. 109. Wird die Zentrierscheibe nun auf die vorbereitete ''Boulter'' gesetzt und das Werkstück darauf mit den Greifklauen befestigt, so ist es exakt zentriert.

Abb. 110. In die von der Schraube des Schraubfutters stammende Bohrung in der Mitte der Zentrierscheibe kann als ''Handgriff'' eine Holzschraube gedreht werden.

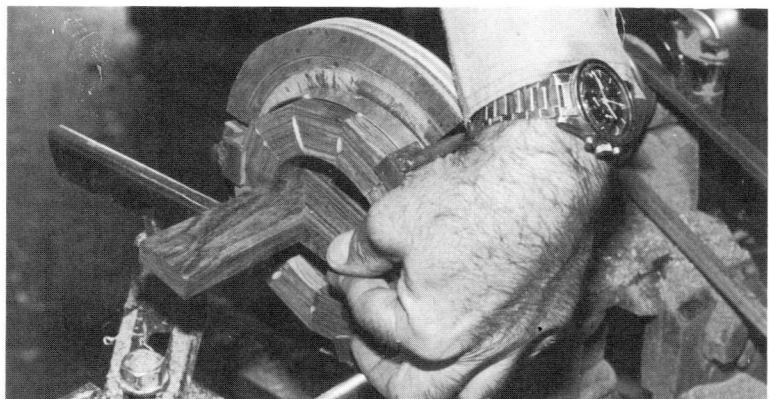

Abb. 111. Ist der Rohling mit den Greifklauen sicher auf dem Futter montiert und zentriert, kann man an diesem "Handgriff" die Zentrierscheibe wieder herausnehmen, so daß auch die Innenkante des Werkstücks zugänglich ist.

Abb. 112. Hier wird zuerst die Innenkante des Werkstücks bearbeitet. Eine weitere Schelle außen über den Greifklauen habe ich hier nicht angelegt, wäre aber doch empfehlenswert. Eine starke Schnur würde dafür ebenfalls reichen.

Abb. 113. Zur Kontrolle der Arbeit habe ich mir einen kleinen Winkelmesser gebaut; falls die Innenkante abgestuft oder gefalzt ist, bietet sich aber eher eine Schablone zur Kontrolle an.

Abb. 114. Als nächstes kann nun das Innenteil des Werkstücks gedrechselt werden. Der Rohling dafür wird mit einer Holzschraube, besser noch mit einer Kopfschraube auf einem Schraubfutter montiert. Die gefalzte Form bedeutet nicht nur eine größere Festigkeit für den zusammengesetzten Rohling, sondern auch eine erhebliche Vergrößerung der Klebflächen.

Abb. 115. Bei solchen Verbindungen stellt man übrigens sinnvollerweise erst die kleine Öffnung im ersten Werkstück und danach den kleinen "Zapfen" des zweiten Werkstücks her. Dann folgt der große "Zapfen" am zweiten Werkstück, den man dann zum Anreißen der großen Öffnung des ersten Werkstücks verwenden kann. Man kann dann bis dicht vor die angerissene Linie arbeiten und muß erst kurz vor Fertigstellung der Öffnung mit dem lästigen Kontrollieren des Durchmessers beginnen. Da dieses Stück hier später gut sichtbar sein wird, lohnt es die Mühe einer peniblen Anpassung.

Abb. 116. Nun kann das Werkstück von der "Boulter" genommen und das Innenteil eingeleimt werden. Auch jetzt sollte die Schelle noch auf dem Werkstück bleiben, bis der Leim abgebunden hat.

Abb. 117. Danach kann das zusammengesetzte Werkstück wieder auf der Drechselbank montiert und in gewohnter Weise weiterbearbeitet werden. Daß es hier keine Probleme mit dem Hirnholz gibt, ist ein deutlicher Vorteil solcher Rohlinge. Für die Ergänzung des Werkstücks um einen weiteren äußeren Ring kann jetzt ein weiterer Falz folgen.

Abb. 118. Hier noch eine andere Variation der "Boulter". Der Unterschied zu den bisherigen liegt hier in der Zentrierscheibe, die einen größeren Durchmesser hat. Eine mit der Bandsäge geschnittene Scheibe wird mit einer kleinen Holzschraube und ein paar Stiften soweit provisorisch befestigt, daß sie sich bei der Bearbeitung auf dem Futter nicht bewegen kann.

Abb. 119. Diese Scheibe wird nun in der gewohnten Weise auf die passende Größe gedrechselt.

Abb. 120. Wieder läßt sich das Werkstück exakt zentrieren.

Abb. 121. Nach dem Anbringen der Greifklauen läßt sich auch hier die Zentrierscheibe leicht an der Holzschraube oder an den Stiften herausnehmen.

Abb. 122. Wie schon beschrieben, folgt nun der Falz an der Innenkante des Werkstücks.

Abb. 123. Hier ist das Mittelteil bereits angepaßt und eingesetzt. Man kann dieses Verfahren mehrfach wiederholen, bis schließlich die auftretenden Fliehkräfte eine weitere Vergrößerung des Werkstückdurchmessers verhindern.

Abb. 124. Sind erst einmal alle Ringe zusammengesetzt, kann das Werkstück mit einer Kopfschraube auf einem Schraubfutter montiert und wie jeder andere Rohling bearbeitet und umgedreht werden. Die Abb. 122 bis 124 zeigen übrigens die Deckel aus dem Holz von den Andamanen aus Abb. 1.

5. Bearbeitung fehlerhafter Rohlinge

— Hirnholz, längs gedrechselt —
— Spundlöcher für Salzstreuer —

An dieser Stelle möchte ich doch noch ein oder zwei Kapitel zum Thema Holz einfügen. Ich werde häufig gefragt, woran sich denn ein zum Drechseln geeignetes Holz erkennen läßt. Da Holz als natürliches Produkt jedoch sehr unregelmäßig und in seinen Eigenschaften überraschend sein kann, läßt sich diese Frage eigentlich gar nicht beantworten. Aber gerade die besonderen Eigenschaften sind es, die das Holz auszeichnen und jedes Stück zu einer neuen Herausforderung werden lassen. Kein Stück gleicht dem anderen.

Am besten lagert man Holz an einem gut belüfteten, gleichmäßig temperierten Platz mit etwa 2 cm Raum zwischen den einzelnen Bohlen. Kaum jemand dürfte jedoch über einen solchen Platz verfügen; so muß man also kaufen, was man bekommen kann, oder man muß seinen Vorrat im Freien lagern. Dort lagert das Holz am besten im Schatten, mit ausreichend Luft zwischen den Bohlen und einer Abdeckung, die die Belüftung nicht stört. Besonders bei frisch gesägten Hölzern empfiehlt es sich, das Hirnholz zu versiegeln. Kleinere, handliche Stücke kann man in heißes Wachs tauchen und auf diese Weise Hirnholzrisse vermeiden. Für größere Stücke gibt es petrochemische Produkte im Handel. Gehen Sie mit dem Wachs aber sehr vorsichtig um, es siedet wie Wasser, klebt aber während des Siedens auf der Haut, so daß die Auswirkungen schlimmer sind als bei kochendem Wasser. Holz enthält sehr viel Wasser, und dieses Wasser verdunstet in erster Linie über die Hirnholzflächen. Verdunstet es zu schnell, so treten vor allem im Endbereich erhebliche Schrumpfrisse auf. Verhindert man zum Beispiel durch eine Versiegelung den Wasseraustritt im Hirnholz, so läuft die Verdunstung über die Längsflächen ungleich langsamer ab, ohne daß die lästigen Risse auftreten. Eine Daumenregel sagt, daß ein Holzstück beim Trocknen innerhalb eines Jahres etwa 2,5 cm seiner Dicke verliert; dies ist aber, wie gesagt, nur eine Daumenregel, auf die man sich nicht unbedingt verlassen sollte. Es gibt Geräte zur Messung der Holzfeuchte, aber auch diese sind bei den für Drechsler typischen Scheiten nicht unbedingt verläßlich. Eine sehr einfache und zuverlässige

Methode ist es, die einzelnen Holzstücke zu wiegen und das Gewicht auf ihnen zu vermerken. Wiegt man es in monatlichen Intervallen, die übrigens bei frisch geschnittenem Holz einen erstaunlichen Gewichtsverlust belegen, so zeigt gleichbleibendes Gewicht schließlich den Zeitpunkt an, zu dem das Holz zum Drechseln ausreichend trocken ist. Natürlich gelten auch hier gewisse Einschränkungen, da die Holzfeuchte doch sehr von den Bedingungen der Umgebung abhängt. Da die meisten verarbeiteten Hölzer im Innern von Gebäuden zu finden sind, kann man davon ausgehen, daß bei solchermaßen getrocknetem Holz immer noch mit Veränderungen gerechnet werden muß. Optimale Ergebnisse erzielt man daher nur, wenn man das Holz bis auf eine Restfeuchte trocknet, die der in der zukünftigen Umgebung entspricht. Dazu bringt man das Holzstück in die Werkstatt und wiegt es dort wie beschrieben. Ein Stück von etwa 300 x 30 x 5 cm Größe läßt sich auf einer gewöhnlichen Haushaltswaage nicht wiegen, aber ein 50 x 15 cm großes gleicher Dicke reicht für fast alle Drechselarbeiten und paßt auch auf die Waage. Das gleiche gilt natürlich auch für Hölzer, die trocken oder "bearbeitungsfähig" hin und wieder kaufen kann. Eine gediegene Kenntnis des Werkstoffs ist auch für den Drechsler ebenso wichtig wie gutes Werkzeug.

Zu den unvermeidlichen Fehlern unseres Werkstoffs möchte ich auch noch etwas sagen: Manche Fehler sind bereits vor Beginn der Arbeiten sichtbar, andere machen sich aber erst kurz vor der Fertigstellung der Arbeit bemerkbar. Mancher sondert Holz von vornherein aus, sobald der Verdacht eines Fehlers auftaucht, niemand aber wirft gern ein Stück Holz weg, in das er bereits Mühe und Arbeit investiert hat. Die Beispiele, die ich im folgenden zeigen will, wird mancher für schwierige Fälle halten, das letzte Beispiel vielleicht sogar für hoffnungslos erachten. Ich habe sie gewählt, weil an Ihnen ein schwierig zu beschreibender, dem individuellen Geschmack unterworfener Sachverhalt gut zu demonstrieren ist. Ich hoffe, daß Sie auch hier einige Anregungen realisieren werden.

Abb. 125. Die Wanddicke dieses Salzstreuers aus Eschenholz beträgt lediglich 3 mm; durch eine Öffnung im Boden, die man mit einem Gummistopfen verschließen kann, wird er mit Salz gefüllt. Der Streuer ist nicht zusammengesetzt, sondern aus einem Stück gedrechselt. Ungewöhnlich an ihm ist eigentlich nur die Art und Weise, wie sein Rohling anfangs auf der Drechselbank montiert und während der Arbeit ausgebessert werden mußte.

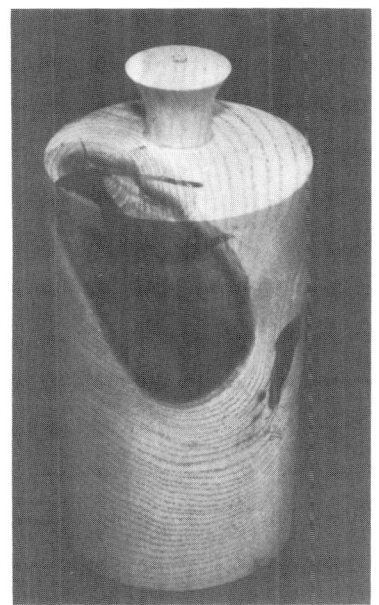

Abb. 126. Manche Gewürze muß man unter Luftabschluß aufbewahren. Man kauft sie zwar meist schon in einem entsprechenden Behälter, dennoch stelle ich mir lieber meinen eigenen her, der dann, wie diese mit einem Weißbuchendeckel verschließbare Dose aus Ulmenholz, zum Beispiel Knoblauchsalz enthalten soll.

Abb. 127. Wenn ich vorhin "ungewöhnlich" sagte, so bezieht sich dieser Terminus tatsächlich nicht auf das Holz, das hier eigentlich genau einem Rohling ähnelt, wie man ihn zum Drechseln von Schalen nimmt. Montiert habe ich ihn dann aber so, daß Ober- und Unterseite des Werkstücks parallel zur Faser kamen und die Seitenflächen fast rundherum Hirnholz zeigten. Eine zusätzliche Schwierigkeit bildete der große eingewachsene Ast, der von vornherein Probleme bei der Bearbeitung befürchten ließ. Die Pfeile zeigen die Richtung der Fasern und damit auch die Richtung, in der man diesen Rohling normalerweise montiert hätte. Wir jedoch wollten es dieses Mal anders machen und ihn an den mit den Kreuzen bezeichneten Stellen zwischen die Spitzen nehmen.

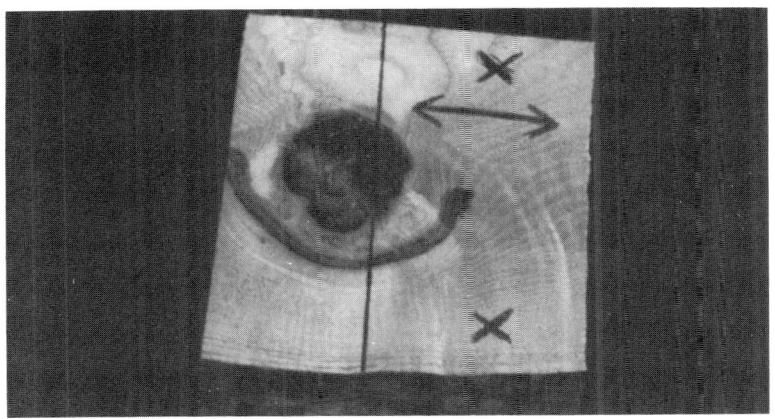

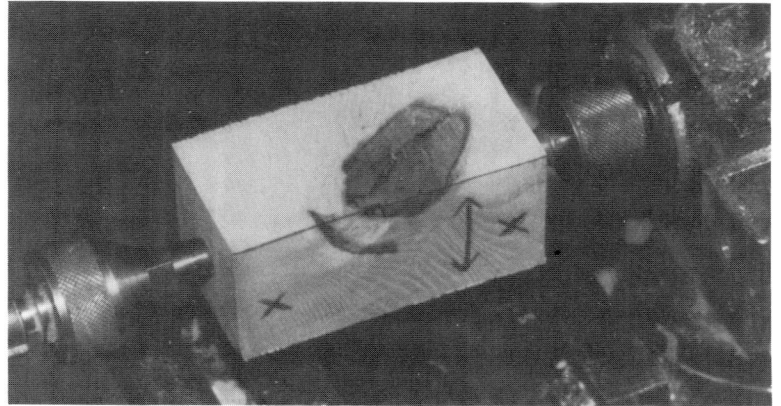

Abb. 128. Hier ist der Rohling fertig zugeschnitten und zwischen den Spitzen montiert. Der eingewachsene Ast stört die Maserung natürlich erheblich, bedeutet aber für ein sonst eher zu gleichmäßig gemasertes Eschenstück einen spektakulären Blickfang, vorausgesetzt allerdings, daß die Form des Werkstücks darauf abgestimmt ist und der Ast beim Drechseln keine großen Probleme macht. Es werden die üblichen Werkzeuge mit den gewohnten Ansetzwinkeln verwendet, hier zuerst ein großer Schruppstahl, mit dem das Werkstück zum Zylinder gedreht wird.

Abb. 129. Ist der Zylinder fertig und das Werkstück weitere Mühe wert, das heißt, der Ast fest eingewachsen, wird die Oberfläche mit dem schrägen Drechslerstahl geglättet. Ich befand das Werkstück für gut und handelte mir damit Mühen ein, die ein Rohling aus solch preiswertem Holz eigentlich nicht lohnt. Ein teurer Exote allerdings wäre die Arbeit wohl wert gewesen.

Abb. 130. Hier der Ast in der Nahaufnahme. Er hat einen tiefen Riß und ist am Ende ausgebrochen, sitzt aber fest im Holz. Doch selbst lockere Äste stören nicht unbedingt, wenn man sie herausnehmen und gut einleimen kann.

Abb. 131. Vor dem Ausbessern der ausgebrochenen Stelle habe ich zunächst die Oberfläche mit dem frisch geschärften, schrägen Drechslerstahl geglättet. Schleifen ist nicht mein Metier und Hirnholz zu schleifen ohnehin eine müßige Arbeit, die man in jedem Fall lassen sollte. So nehme ich den feinstmöglichen Span ab und erhalte eine perfekte Oberfläche.

Abb. 132. Mit dem Abstechstahl habe ich dann an der ausgebrochenen Stelle so tief eingestochen, bis ich auf unbeschädigtes Holz stieß. Einen Abstechstahl habe ich verwendet, weil ich in den entstehenden Einschnitt leicht ein passendes Holzstück hätte einleimen können, wäre ich nicht auf unbeschädigtes Holz gestoßen. In den Riß habe ich dann Späne der passenden Farbe gedrückt und die verbleibende Vertiefung von etwa 3 mm mit Epoxyharz gefüllt. Nach vielen Versuchen verwende ich für solche Arbeiten Araldit, das man in einer schnell und einer langsam abbindenden Version erhalten kann, und das ich genau nach den Verarbeitungsvorschriften des Herstellers ansetze. Einen Vorteil bei der Änderung der für Harz und Härter angegebenen Mengen habe ich nicht gefunden. Die fertig angesetzte Masse kann man mit Sägemehl oder wie hier mit Farbpulver mischen. Will man beide Mittel verwenden, rührt man sie am besten gleichzeitig in die Masse, die man mit etwas Übung auf diese Weise dem Werkstück exakt anpassen kann. Es gibt aber auch durchaus Gründe für eine kontrastierende Einfärbung.

Abb. 133. Die vorbereitete Mischung wird mit einem passenden Stock fest in den Riß gedrückt. Zur Abb. 301 ist eine Methode beschrieben, die auch hier Vorteile bringt; erhitztes Harz ist dünnflüssiger und verteilt sich dementsprechend besser in diesem schmalen Riß. Kocht das Harz und bildet es dabei Luftblasen, so hat die Oberfläche der erhärteten Masse zudem kleine Vertiefungen, die man mit einem kontrastierend eingefärbten Harz füllen kann, oder die einfach nur die Oberfläche aufrauhen. Den gleichen Effekt erreicht man auch, wenn man das Harz kurz vor dem Erhärten ritzt oder, wie hier, zwei kleine Bereiche nicht vollständig füllt, so daß man sie später mit einem dem hellen Holzton angepaßten Harz ganz ausfüllen kann.

Abb. 134. Ist das Harz erhärtet und grob geschliffen, kann man alle weiteren kritischen Punkte meist gut abschätzen. Die beiden nicht vollständig mit Harz gefüllten Stellen sind hier gut zu sehen, eine an der Kante, die andere in der Mitte des großen Risses. Um sicher zu gehen, habe ich die Oberkante des Werkstücks inzwischen mit dem Schruppstahl stark verjüngt.

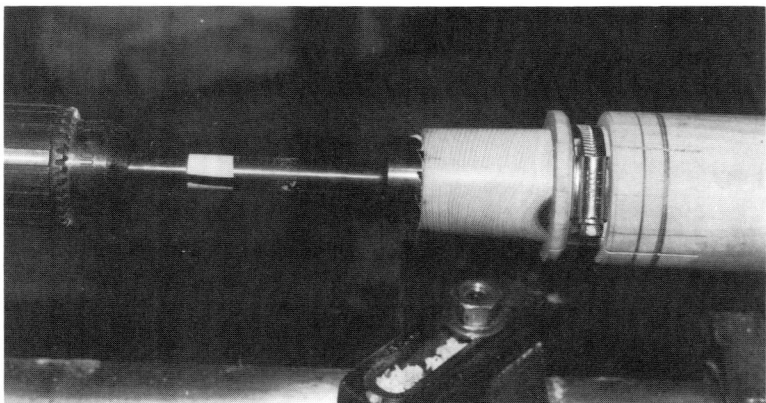

Abb. 135. Hier ist das Werkstück bis auf das kleine Oberteil fertig geschliffen. Das Harz erreicht eine hohe Härte und gibt dem Werkstück zusätzliche Festigkeit. Dennoch läßt es sich mit den gewohnten Werkzeugen gut bearbeiten und ist selbst an scharfen Kanten stabil und haltbar.

Abb. 136. Inzwischen habe ich das Werkstück in einem Futter montiert, das ich in Kapitel 16 näher vorstellen will. Da dieses Werkstück leicht konisch, die Zentrierung deshalb etwas schwierig ist, habe ich es mit dem Reitstock vorsichtig in das Futter gedrückt und zur besseren Zentrierung eine doppelte Schlauchschelle um das Futter gelegt, so daß es wie ein Spannfutter wirkt. Die Bleistiftlinien auf dem Futter zeigen an, wie weit das Werkstück im Futter steckt, eine Maßnahme, die bei den folgenden Arbeiten eine unbeabsichtigte Beschädigung verhindern hilft. Die beiden Flecken am Werkstück, die hier zu sehen sind, hält man übrigens viel eher für Reparaturen als die tatsächlichen Reparaturstellen.

Abb. 137. Mit dem Holzbohrer ist das Aushöhlen des Werkstücks sehr einfach und schnell. Markieren Sie bei solchen Arbeiten die maximale Bohrtiefe sehr sorgfältig, damit Sie nicht hinterher eine Röhre als Werkstück haben! Falls Ihnen aber doch einmal so etwas passiert, werfen Sie das Werkstück nicht weg. Man kann es für Serviettenringe oder ringförmige Einlagen auf anderen Werkstücken verwenden. An der Unterkante dieses Werkstücks braucht nun nur noch ein etwa 1 cm tiefer Falz für den Stopfen hergestellt zu werden.

Abb. 138. Da es passende Gummi- oder Kunststoffstopfen oft nicht gibt, muß man sich häufig selbst bemühen. Hier habe ich ein kontrastierendes Holz zwischen den Spitzen auf den passenden Durchmesser abgedreht und am Ende einen Falz für das Futter hergestellt. Dieser Falz muß natürlich nicht sein, ihn herzustellen war aber einfacher als den Innendurchmesser des Futters zu ändern.

Abb. 139. Sitzt das Werkstück gut zentriert im Futter, kann es exakt auf den Falz des Streuers abgestimmt werden. Mit der Schublehre kann dann der Durchmesser des Gummi- oder Kunststoffstopfens angerissen werden, den man am einfachsten natürlich mit einem Bohrer passender Größe bohrt. Hat man keinen passenden Bohrer oder soll die Lochleibung profiliert sein, was für manche Stopfen besser ist, so kann man ohne weiteres mit dem Stahl weiterarbeiten.

Abb. 140. Hier wird das Spundloch gebohrt, danach erhält es mit dem Stahl einen leicht konischen Querschnitt. Der kleinere Durchmesser des Loches soll später außen sein, damit der Stopfen fest sitzt.

Abb. 141. Mit dem Abstechstahl wird schließlich ein Ring abgestochen, den man nun mit dem großen Lochdurchmesser voran in die Unterseite des Streuers einleimen kann. Nach dieser Methode lassen sich Einsätze und Ringe für die verschiedensten Zwecke herstellen.

Abb. 142. Ist der Ring eingeleimt, kann man sich einen Aufspanndorn drehen, auf dem der Streuer aufgesetzt werden kann. Nun lassen sich bequem alle weiteren Arbeiten, Korrekturen oder Oberflächenbehandlungen und Schleifarbeiten durchführen. Das Streuloch schließlich ist der letzte Arbeitsgang. Man kann das Loch im Bohrständer, bei drehendem Werstück mit dem auf dem Reitstock montierten Bohrer oder wie hier mit drehendem Bohrer bohren, während das Werkstück am Reitstock montiert ist.

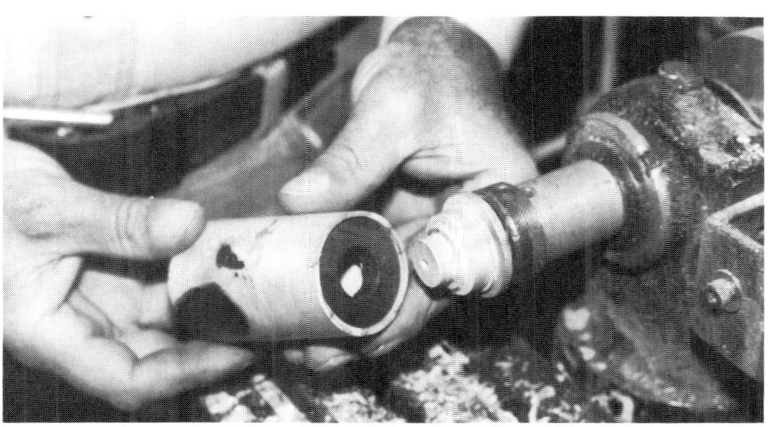

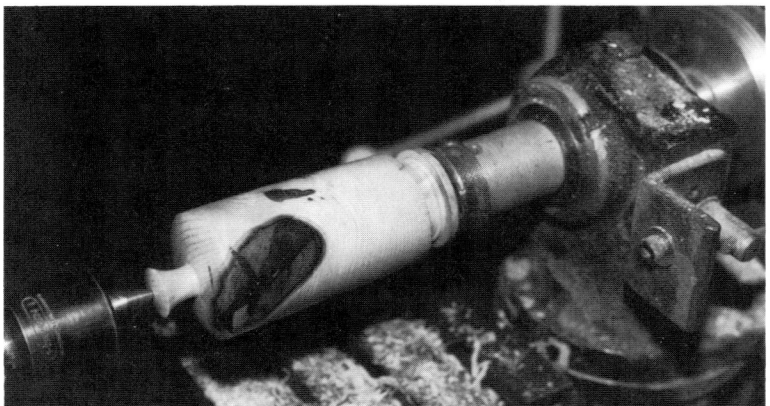

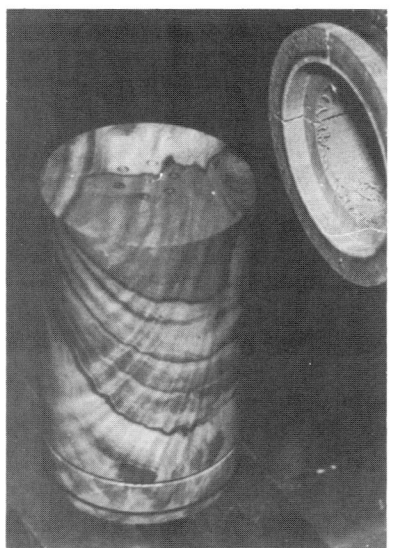

Abb. 143. Sitzt das Werkstück auf dem Aufspanndorn, so ist es an allen Seiten und sogar an der Unterkante gut zugänglich. Das Streuloch kann gebohrt und die Oberflächenbehandlung fertiggestellt werden. Wird der Ring mit dem Spundloch etwas vertieft eingesetzt, steht der Streuer sicher auf dem Tisch.

Abb. 144. Der Vollständigkeit halber soll an diesem Werkstück noch gezeigt werden, wie sich mehrere Streulöcher symmetrisch herstellen lassen. Teilscheibe und Bohrlehre erlauben hier eine exakte, runde Anordnung der Löcher. Die ungewöhnliche Maserung dieses Holzes hat mich übrigens von einer besonderen Gestaltung absehen lassen. Der einzige Kunstgriff war auch hier, den Rohling quer zur Faser einzuspannen und so viel Hirnholz wie möglich zu zeigen.

Abb. 145. Hier der gleiche Streuer und das verwendete Futter in Nahaufnahme. Die Maserung verläuft auf dieser Seite des Streuers spiralig, was man beim Längsdrechseln kaum erreicht. Solche Effekte lassen sich mit quer eingespannten Rohlingen oft selbst bei Hölzern erzielen, die gleichmäßig und eher langweilig gemasert sind. Quer zur Faser geschnittene Rohlinge sind meist kürzer als längs geschnittene und bieten sich deshalb für Döschen und Deckel, für kleine Schalen und ähnliche Dinge geradezu an. Aber auch für Armbänder, Ringe und dergleichen sind sie sehr gut geeignet. Sie sehen auf diesem Foto aber auch das im Innendurchmesser veränderbare Futter, das Werkstücke unterschiedlicher Dicke aufnehmen kann.

6. Rohlinge aus Stäben und Klötzen

Mancher Drechsler empfindet das Verleimen von Rohlingen als sinnvolle Verwendung von Holzabfällen. Hölzer aber, aus denen sich für Drechsler wie Benutzer derart erfreuliche Dinge herstellen lassen, kann ich von vornherein nicht als Abfall bezeichnen. Sicher würden auch Sie eine Schachfigur nicht als Abfall ansehen, nur weil sie aus einem Stückchen Holz hergestellt wurde, das kleiner ist als viele Abfallstücke. Die bisher vorgestellten Arbeiten wurden außerdem alle aus sorgfältig ausgewählten und vorbereiteten Hölzern hergestellt, und Rohling sowie Werkstück verdienen diese Bezeichnungen ebenso wie die aus massivem Holz. Ein Holzscheit ist noch kein Rohling, sondern wird auch erst zu einem Rohling, wenn der Drechsler ihn prüft, für gut befindet und in der Form zurechtschneidet. Verleimte Rohlinge entstehen letztlich ebenso, auch wenn sie sich nach Art und Möglichkeiten anders darstellen.

Abb. 146. Von besonderem Reiz sind gedrechselte Gegenstände bei Tisch. Diese Käseplatte, die vollständig aus den bei einer anderen Arbeit übriggebliebenen Resten hergestellt wurde, besteht aus einer Hirnholzscheibe, die von dem längsgemaserten, im 4. Kapitel beschriebenen Ring umrahmt wird. Die Platte ist ebenso praktisch wie schön.

Abb. 147. Die Platte wurde lediglich mit einem natürlichen Öl behandelt.

Abb. 148. Am Anfang war dies ein Haufen schmaler und scheinbar wertloser Reste. Mit dem Hobel habe ich alle Stücke zunächst auf die gleiche Breite gebracht. Zufällig waren alle Teile gleich dick; wie Sie später noch sehen werden, wäre es aber von Vorteil gewesen, wenn ein Teil von anderer Dicke dabei gewesen wäre.

Abb. 149. Sind die Stäbe soweit vorbereitet, können sie auf der Werkbank sortiert und zusammengelegt werden. Stäbe aus unterschiedlichen Hölzern lassen sich dabei zu regelrechten Mustern anordnen. Berühren Sie die zu verleimenden Flächen dabei nach Möglichkeit nicht, säubern Sie aber auf jeden Fall Werkbank und Hände von Öl, Wachs und ähnlichen Stoffen, die die Haftung des Leims beeinträchtigen. Silikonspray ist heute sehr beliebt, um Lager und drehende Teile der Drechselbank zu schmieren, für die Leimhaftung sind solche Sprays aber geradezu tödlich.

Abb. 150. Legen Sie entsprechend große Zwingen zurecht und tragen Sie den Leim in gleichmäßiger Dicke auf. Manche Leime beginnen vor allem in warmen Räumen schon nach kurzer Zeit abzubinden, so daß Sie sich bei dieser Arbeit beeilen sollten. Ziehen Sie die Zwingen dann nicht zu fest. Es soll nicht der ganze Leim wieder aus den Fugen gedrückt werden, eine mehrere Millimeter dicke Leimfuge wollen wir aber auch nicht haben. Leider läßt sich der richtige Druck nicht so ohne weiteres beschreiben, wenn Sie aber Ihre Zwingen mit der gleichen Kraft zudrehen, mit der Sie einen Wasserhahn zudrehen würden, liegen Sie etwa richtig.

Abb. 151. Insgesamt 4 Zwingen sorgen hier für gleichmäßigen Druck, solange der Leim trocknet.

Abb. 152. Der angeschnittene Leim läßt sich mit einem Hobel gut entfernen. Ich nehme dazu allerdings einen großen Schabstahl, da dieser sich sehr viel schneller schärfen läßt als ein Hobelmesser.

Abb. 153. Anschließend wird das Werkstück mit dem Hobel bearbeitet, bis es eine vollkommen ebene Oberfläche und exakt gleichmäßige Dicke hat, was für die nachfolgenden Arbeiten sehr wesentlich ist. Bei manchen Hobeln verwendet man Talg oder Kerzenwachs als Gleitmittel. Da diese gehobelte Fläche aber noch verleimt werden soll, müssen gegebenenfalls am Hobel haftende Mittel entfernt werden. Üblicherweise reinige ich die Gleitflächen meiner Hobel vor solchen Arbeiten stets mit Spiritus.

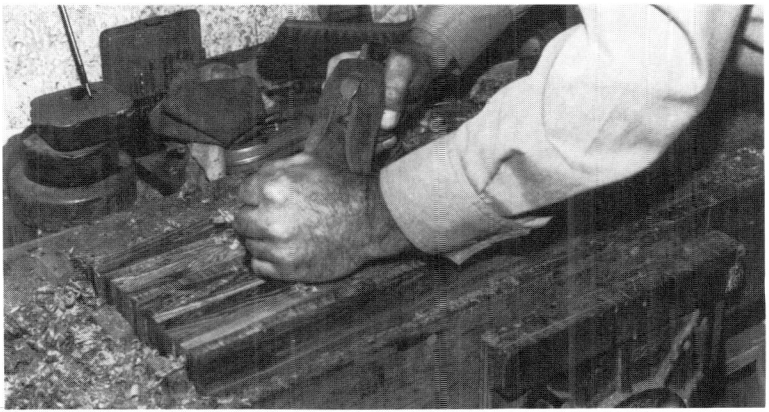

Abb. 154. Das gehobelte Werkstück habe ich dann in Querstreifen zersägt, wobei ich auf das Holz ein Schutzpapier gelegt habe, um Verunreinigungen der Oberflächen durch die Säge zu vermeiden. Auf dem Foto sind die Querstreifen in ihrer ursprünglichen Anordnung zusammengelegt; die Abschnitte des breiteren Längsstreifens rechts habe ich jeweils mit einem X gekennzeichnet. Man könnte diese Anordnung mit den fluchtenden Leimfugen jetzt so belassen, ebenso aber auch ein anderes Muster legen.

Abb. 155. Hier habe ich jeden zweiten Querstreifen umgedreht, so daß sich ein Muster ähnlich einem Mauerwerksverband ergibt. Eine solche Anordnung erhöht außerdem die Festigkeit des fertigen Laminats, so daß eine zusätzliche Bodenplatte nicht erforderlich ist. Bei komplizierten Mustern ist es sinnvoll, die einzelnen Teile zu numerieren, da man sie sonst im nächsten Arbeitsgang leicht durcheinanderbringt.

Abb. 156. Wenn Sie die Querstreifen nun so zusammenleimen, erhält Ihr Rohling durch die unterschiedliche Maserungsrichtung der einzelnen Klötze eine beträchtliche Festigkeit. Sie können ihn direkt auf einer Planscheibe befestigen und so bearbeiten. Am Ende dieses Buches werde ich einige andere Methoden zur sicheren Montage solcher Rohlinge vorstellen, bei denen Sie nicht in das Hirnholz zu schrauben brauchen.

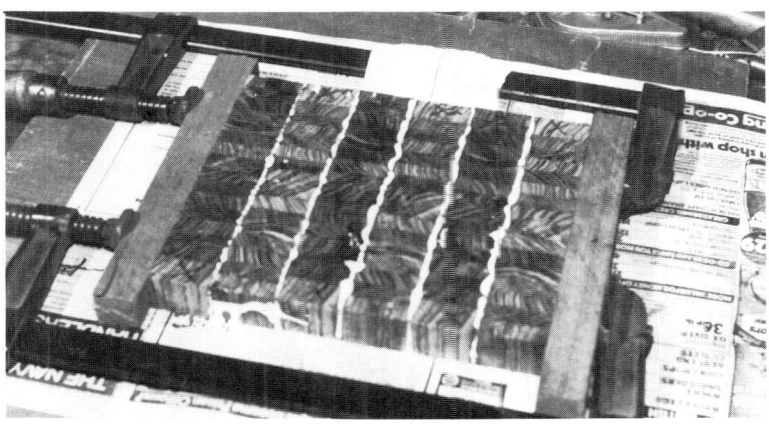

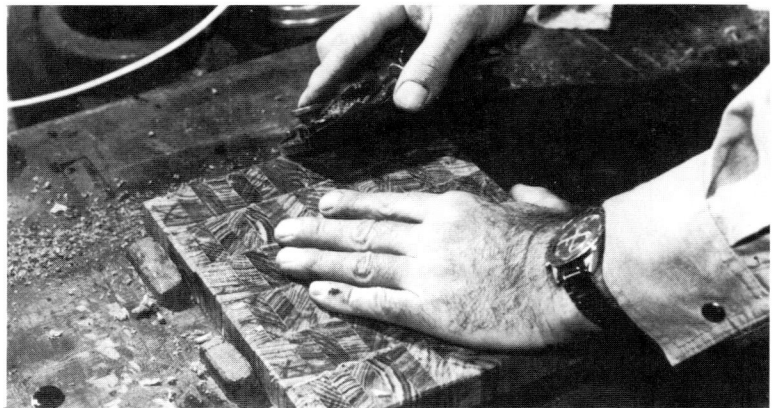

Abb. 157. Diesem Rohling soll jedoch auf einer Seite eine Sperrholzplatte aufgeleimt werden. Dazu wird die entsprechende Seite mit dem Hobel geglättet, der sehr fein eingestellt und rasiermesserscharf geschliffen ist. Kann das Werkstück rechteckig und ohne Sperrholzplatte bleiben, glättet man es jetzt auf beiden Seiten.

Abb. 158. Die vielen Schraubzwingen sorgen hier für gleichmäßigen Druck beim Verleimen der Sperrholzplatten.

Abb. 159. Ist der Leim trocken — in den meisten Fällen nach etwa 24 Stunden —, kann der Rohling mit der Bandsäge beschnitten und auf der Planscheibe montiert werden. Die Bleistiftlinie auf dem Sperrholz kennzeichnet die Tiefe des Falzes, den ich hier herstellen will. Wenn Sie übrigens große Rohlinge dieser Art haben, sollten Sie die mit der Bandsäge abgetrennten Teile nicht fortwerfen. Abbildung 2 zeigt, wozu man solche Abschnitte noch verwenden kann.

Abb. 160. Die Drechselbank dreht mit etwa 1000 U/min; mit einem 1 cm breiten Abstechstahl drechsle ich den Falz.

Abb. 161. Hier steche ich mit dem Drechsler-stahl die Kante eines weiteren Falzes ein, in den dann der schon erwähnte Ring eingesetzt werden soll.

Abb. 162. Zum Schluß wird dieser zweite Falz mit der Spitze eines schmalen schrägen Drechs-lerstahls geglättet. Damit der Ring gut paßt, kann der Falzdurchmesser eine Idee kleiner sein als das Gegenstück am Ring. Wollen Sie den Sitz zwischendurch kontrollieren, können Sie den Ring vor Montage des Rohlings über den Spin-delstock legen, wie dies in Abbildung 456 ge-zeigt ist.

Abb. 163. In den Abbildungen 118 bis 124 habe ich die Herstellung eines Rings gezeigt und die Vorzüge einer hölzernen "Boulter", bei der man ein Werkstück im Zentrum mit Holzschrau-ben befestigen kann, dargestellt. Man sollte dabei lediglich darauf achten, daß die "Boulter" nicht mehr beschädigt wird als unbedingt not-wendig.

Abb. 164. Hier wird das Werkstück in den Ring eingeleimt und mit einigen Gewichten be-schwert. Die Planscheibe kann dabei montiert bleiben. Muß man sie jedoch abnehmen, weil man sie inzwischen anderweitig braucht, so müssen Werkstück und Planscheibe so markiert werden, daß man sie später wieder in exakt der gleichen Stellung montieren kann.

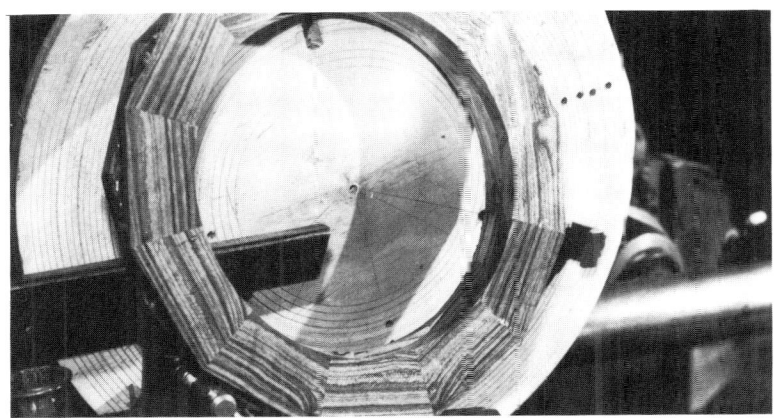

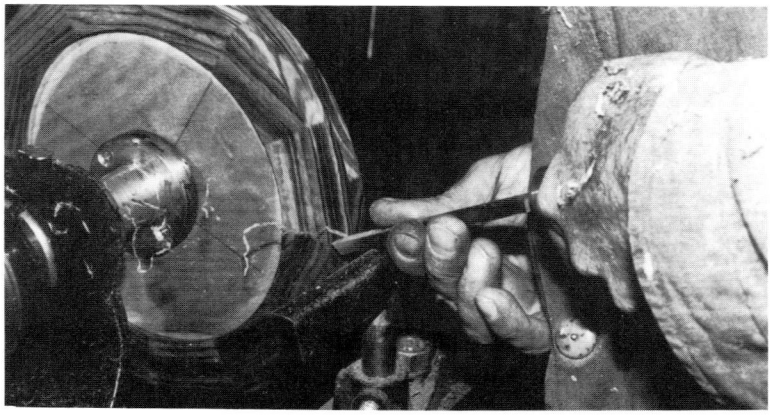

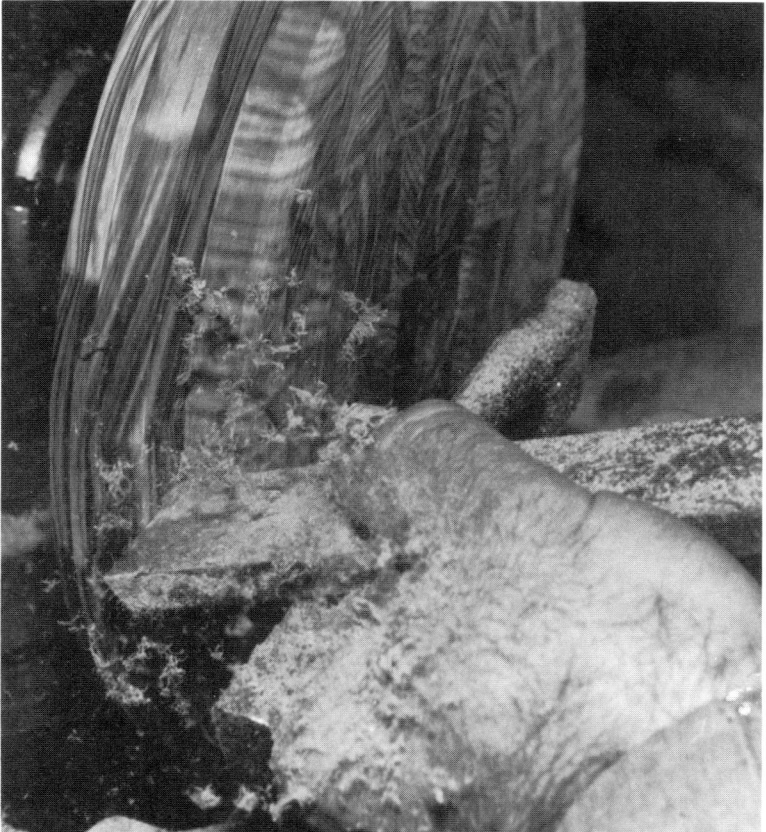

Abb. 165. Anschließend kann das Werkstück wieder auf der Drechselbank montiert und der Ring bearbeitet werden. Da Sie hier nicht in Hirnholz arbeiten müssen, können Sie mit dem Hohlstahl arbeiten; ich nehme hier statt dessen einen sehr scharfen Schabstahl mit halbrunder Schneide, mit dem ich an der Schalenunterseite eine Kehle drechsle, mit deren Hilfe man die Schale besser anfassen kann.

Abb. 166. Hier arbeite ich mit dem Hohlstahl eine ähnliche Kehle an der Oberseite.

Abb. 167. Wenn der Rohling auf der Werkbank nicht mit dem Hobel geglättet wurde, läßt sich dies nun mit einem großen geraden Schabstahl nachholen. Für solche Arbeiten ist eigentlich nur dieser Stahl wirklich geeignet. Besser erledigen Sie diesen Arbeitsgang aber vorher auf der Werkbank, da man den Schabstahl äußerst vorsichtig handhaben muß.

Abb. 168. Die Hirnholzflächen der Bodenscheibe können ebenfalls mit einem hauchzart angesetzten, sehr scharfen Schabstahl geglättet werden. Wenn Sie beim Zusammenleimen der Teile sorgfältig gearbeitet haben, brauchen Sie nun nur wenige, hauchdünne Späne abzunehmen.

Abb. 169. Auch die Kante der Bodenscheibe wird am besten mit dem halbrunden Schabstahl geglättet. An dieser Stelle scheint sich ein gerader Schabstahl anzubieten, da aber auch hier teilweise im meist etwas spröden Hirnholz gearbeitet werden muß, nehme ich lieber den halbrunden Stahl.

Abb. 170. Hirnholz zu schleifen ist eine müßige Angelegenheit. Weit bessere Ergebnisse erzielt man mit dem richtigen Stahl. Zum Polieren bevorzuge ich normalerweise Danish Oil, das nach Angabe des Herstellers auch bei Kontakt mit Lebensmitteln unschädlich ist. Es scheint mir aber doch den Geschmack zu beeinflussen, so daß ich für Werkstücke, die zur Aufbewahrung von Lebensmitteln dienen sollen, nur noch Maisöl verwende, das ich mehrmals anwende, bis es gut in das Holz eingedrungen ist. Nach dem Trocknen kann man die Flächen dann mit einem sauberen Lappen oder, wie hier, mit Drechselspänen polieren. Später einmal notwendige Auffrischungen mache ich dann auf die gleiche Weise.

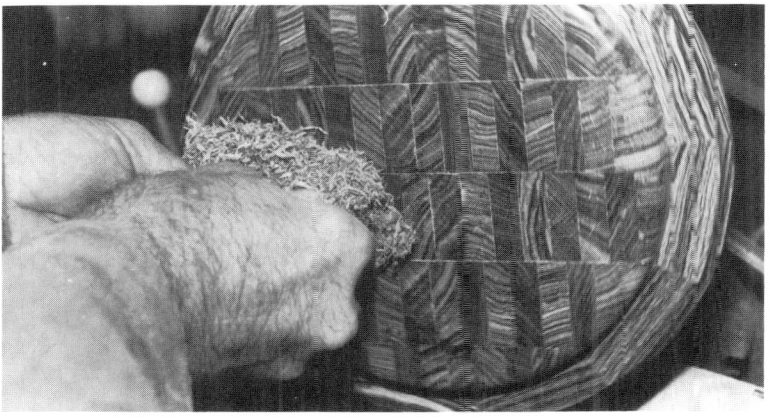

7. Arbeiten mit mehrteiligen Rohlingen

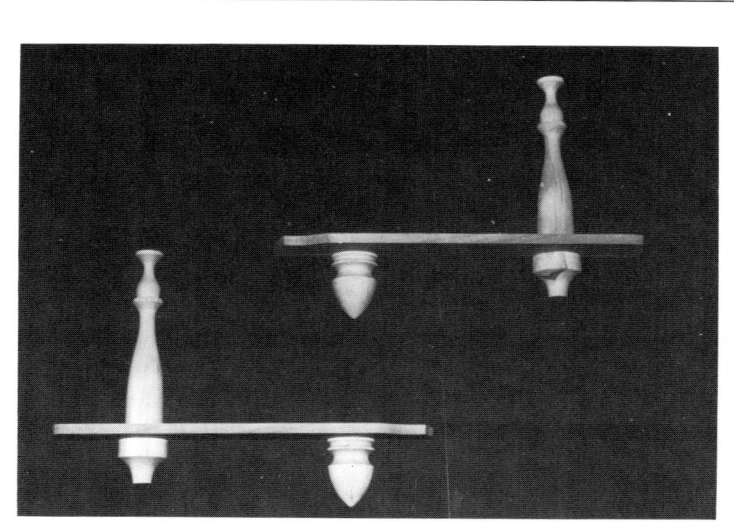

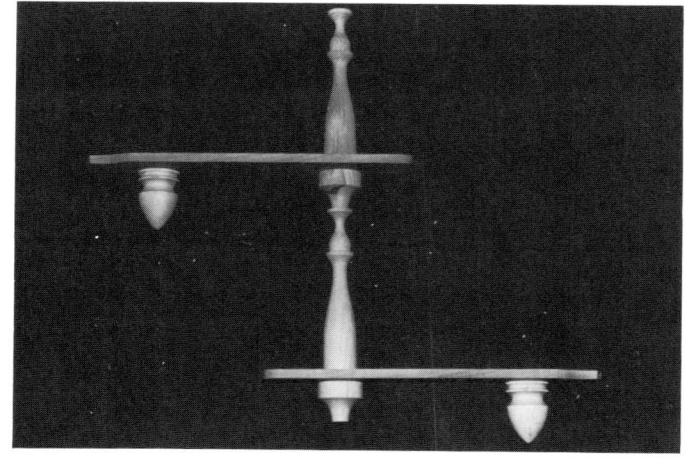

Über das Drechseln mehrerer gleichartiger Teile in einem Arbeitsgang ist schon viel geschrieben worden. Die Meinungen darüber sind sehr gegensätzlich, so daß ich hier noch ein Kapitel dazu einfügen möchte.

Abb. 171 a, b, c. Hier zwei kleine Regale, deren auf der Drechselbank hergestellte Teile identisch sind, und die sich in mindestens den drei gezeigten Anordnungen anbringen lassen. Ähnlich ist es mit Wandkonsolen, an denen man Blumentöpfe, Spazierstöcke, Töpfe, Pfannen, Hüte usw. aufhängen kann. Wandleuchten lassen sich ebenfalls sehr gut in dieser Weise herstellen. Für all diejenigen, die auch in anderen Holzarbeiten geübt sind, will ich auch noch die Herstellung von Schablonen besprechen, die sich beim Schablonenfräsen mit entsprechenden Maschinen, aber auch für andere Arbeiten verwenden lassen und vollkommen symmetrisch sein sollen. Diese exakte Symmetrie wird erreicht, indem man die Schablonen einfach zwischen den Spitzen drechselt. Für einen Architekten habe ich einmal eine Reihe von Konsolen gedrechselt, die er für die Montage eines etwa 60 cm unterhalb der Decke umlaufenden Regals benötigte. Da etliche gleichartige Teile herzustellen waren, habe ich alle 16 Konsolenspitzen in einer Montage gleichzeitig nebeneinander hergestellt, ein Verfahren, das ich ebenfalls vorstellen werde. Die Konsolen selbst habe ich dann zu 8 ebenfalls gleichzeitig gedrechselt. Der Architekt konnte sich damals nur wundern, in welch kurzer Frist ich die Arbeiten abgeliefert hatte.

Abb. 172. Ich will hier mit der Herstellung kleiner Regale beginnen, von denen vier in einem Arbeitsgang hergestellt werden sollen. Mögliche Alternativen will ich dabei im Verlauf der Arbeit vorstellen. Bei Arbeiten nach diesem Verfahren ist es sehr wichtig, daß der Rohling exakt zentriert wird; besonders paarige Teile werden nur dann symmetrisch, wenn der Rohling mit größtmöglicher Genauigkeit montiert wird. Man kann mehrteilige Rohlinge natürlich auch verleimen, da dieses Verfahren aber seine Grenzen hat, will ich hier nicht darauf eingehen. Hier wird gerade das Mittelteil des Rohlings vorbereitet, das möglichst aus Hartholz sein sollte, besonders dann, wenn man es als Schablone für zukünftige Arbeiten verwenden will.

Abb. 173. Das Mittelteil soll auch dazu dienen, die Befestigungspunkte der Regale festzulegen. An diesen Stellen, an denen später Löcher gebohrt werden, kann man den Rohling während der Arbeit mit Schrauben zusammenhalten, wobei das Mittelteil als Schablone für die Schraublöcher dient.

Abb. 174. In der Dicke müssen alle Teile des Rohlings ebenfalls exakt gleich sein; darüber hinaus ist eine exakt rechtwinklige Kante notwendig. Die Breite der Teile spielt dagegen nur eine untergeordnete Rolle. Der Deutlichkeit halber habe ich für diesen Rohling hier Teile gewählt, die sich im Holz etwas unterscheiden; für Arbeiten dieser Art sind aber gleiche Hölzer meist besser geeignet.

Abb. 175. Hier ist der Rohling fertig montiert. Sein Aufbau wird in den Abbildungen 177 bis 182 noch näher dargestellt. Auf das zwischen den Spitzen montierte Mittelteil folgt auf jeder Seite ein Regalteil. Die beiden äußeren Flankenhölzer sind eigentlich nicht mehr notwendig, sollten aber solange verwendet werden, bis man mit dieser Technik genügend Erfahrungen sammeln konnte. Auf den ersten Blick scheinen Aufwand und vor allem Holzverbrauch bei diesem Verfahren enorm. Man kann die Hölzer aber viele Male für weitere Regalteile gleicher Form und auch für Teile mit anderen Formen in kleineren Abmessungen verwenden. Das Mittelteil wird kaum vom Werkzeug berührt, kann also später für andere Arbeiten verwendet werden, die beiden Flankenteile bleiben ebenfalls groß genug für eine weitere Verwendung. Statt massiver Hölzer lassen sich in der Mitte und an den Flanken aber auch Spanplatten oder Sperrholzplatten verwenden, aus denen man sehr gute Schablonen für die Fräsmaschine herstellen kann. Das Mittelteil kann außerdem noch aufgetrennt und gehobelt selbst als Schablone oder Konsole verwendet werden, so daß der Abfall schließlich gar nicht so groß ist.

Abb. 176. Ein solcher Rohling verhält sich auf der Drechselbank genauso wie jeder andere auch, besondere Bearbeitungstechniken gibt es nicht, und auch die Geschwindigkeit der Bank ist wie üblich.

Abb. 177. Dieses Bild zeigt gut die Zusammensetzung des Rohlings und die Leichtigkeit der Bearbeitung an diesem nicht abgerichteten Ende, das bewußt so belassen wurde. Ordnung ist jedoch auch beim Drechseln das halbe Leben, so daß man sich zum Schluß doch zum ordnenden Eingriff gezwungen sieht.

Abb. 178. Hier ist das Ende fertig gedrechselt und könnte nun gleich auf der drehenden Bank geschliffen werden; es brauchen aber ja nur die Regalteile geschliffen zu werden, was man ebenso gut bei abgeschalteter Bank erledigen kann. Die Bleistiftmarkierungen sind eine Vorsichtsmaßnahme, mit der die Lage der Schrauben angezeigt wird. Am besten sind übrigens Messingschrauben geeignet, die allerdings beim Einschrauben leicht brechen, so daß man mit einer Stahlschraube vorbohren sollte.

Abb. 179. Im vorigen Bild sehen Sie, daß die Werkzeugauflage in der üblichen Position ist, d.h. dicht vor der zu bearbeitenden Stelle. Hier sehen Sie nun, daß es tatsächlich kaum möglich ist, mit dem Stahl versehentlich auf die Schrauben zu treffen, die ja noch dazu eingesenkt sind. Gut zu sehen sind auch die beiden Regalteile, die hier bereits fertiggestellt sind und weitere Arbeit in Richtung der Schrauben überflüssig machen. Das andere Ende des Werkstücks wird nun in genau der gleichen Weise bearbeitet. Dort am Reitstockende montiert man am besten eine Ringspitze oder eine mitlaufende Körnerspitze.

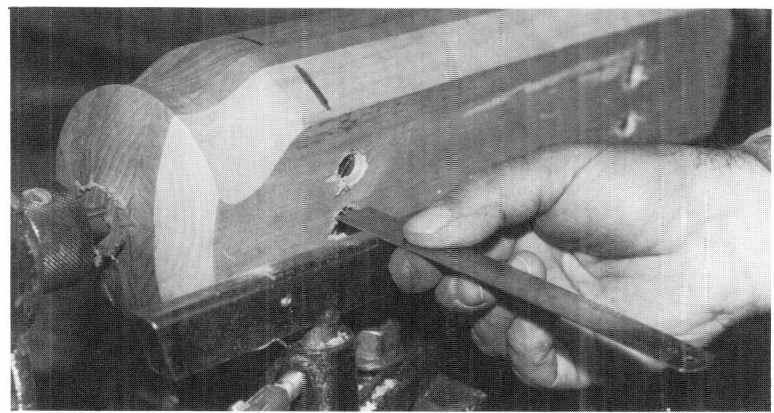

Abb. 180. Hier das auseinandergenommene Werkstück; vorn die zusammengelegten Regalbrettchen, die man so nicht fräsen könnte, da die Maschine nur völlig gleiche Teile liefern würde. Aus den Flankenhölzern ließe sich die Rückwand einer Pendeluhr herstellen, wobei die Schraublöcher durch das Uhrwerk, durch Zierknöpfe oder ähnliches verdeckt werden könnten. Das Mittelteil ist von den Arbeiten kaum tangiert worden und kann wieder zum Holzvorrat gelegt werden. Man kann aber diese drei Hölzer natürlich auch zur Herstellung vieler weiterer Regalbrettchen verwenden.

Abb. 181. Die Brettchen sollen an Stützen befestigt werden, die ich ebenfalls auf der Drechselbank herstellen will. Den Durchmesser der Stützen kann ich so den Bohrungen zur Befestigung der Stützen in den Brettchen gut anpassen. Diese Bohrungen, die an die Stelle der Schraublöcher gesetzt werden und kaum größer zu sein brauchen als diese, kann man, wie ich, hier gleich in zwei nebeneinandergelegte Brettchen bohren.

Abb. 182. Das Zentrieren des Bohrers ist bei den nebeneinanderliegenden Brettchen nicht schwierig; man sollte jedoch sorgfältig darauf achten, daß die Bohrlöcher an den Kanten nicht ausreißen. Die Brettchen lassen sich natürlich nicht nur in der gezeigten Weise anordnen; man kann jeweils eines umdrehen, aber auch eine Art Etagere mit doppelt so vielen Stützen bauen. Ebenso kann man die Brettchen jeweils aus einem Stück herstellen und nachher auftrennen. Bei diesem Verfahren kann man die Schrauben zum Zusammenhalten des Rohlings natürlich so setzen, daß die Schraublöcher beim Trennen wegfallen. Hier wollte ich aber demonstrieren, was man auch aus kleinen Hölzern alles machen kann.

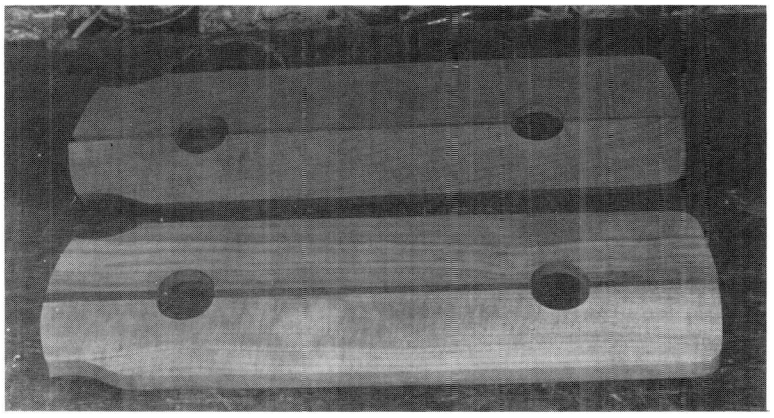

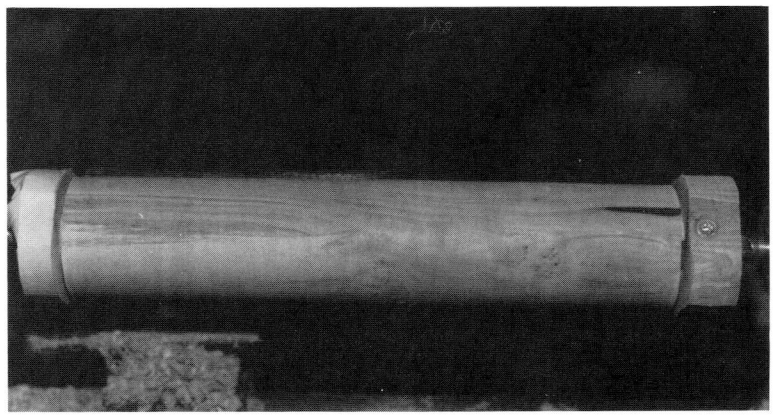

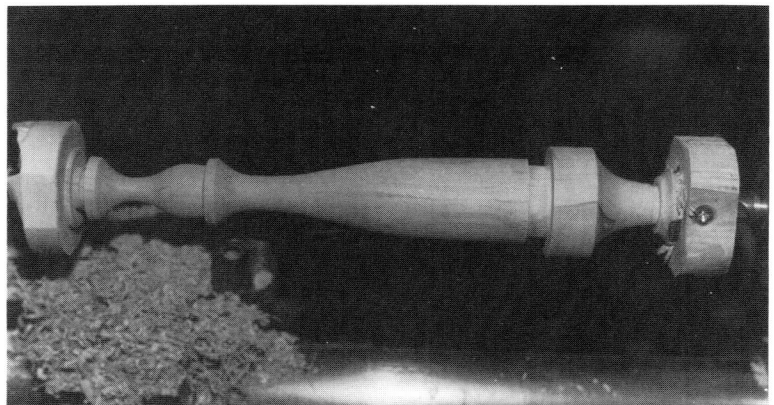

Abb. 183. Die Stützen werden ebenfalls aus einem zusammengesetzten Rohling gedrechselt. Auch hier klebe ich die beiden Rohlingshälften nicht zusammen, da das Werkstück an einer Stelle sehr dünn werden soll und beim Trennen der beiden Hälften leicht zerbrechen könnte. Statt dessen habe ich die Hälften auch hier zusammengeschraubt und den Schraubbereich mit Klebeband deutlich gekennzeichnet.

Abb. 184. Einen zusammengesetzten Rohling braucht man nicht wie üblich auszumessen und zu kennzeichnen. Die Fuge zwischen den beiden Teilen dieses Rohlings gibt bereits eine Mittellinie vor, so daß ein weiteres Maß reicht, um das Zentrum festzulegen. Die Stütze kann dann wie gewünscht geformt und am Ende der Zapfen zur Befestigung der Regalbrettchen geformt werden, worauf ich aber später noch eingehen will. Sie können die Stütze ganz fertigstellen, wenn Sie so dünne Bereiche drechseln wie ich hier, allerdings mit der gebührenden Vorsicht.

Abb. 185. Die Enden können Sie sehr dünn arbeiten, so daß Sie kaum noch Handarbeit aufwenden müssen. Beachten Sie dabei aber die Anmerkungen zu Abbildung 203.

Abb. 186. Sind Stützen und Brettchen miteinander verleimt, kann man das Regal mit einem kleinen Hobel glätten, ohne daß man mit Kleberresten zu kämpfen hat. Die kleine Stütze wurde auf die gleiche Weise hergestellt; falls man viele davon braucht, kann man mehrere in einem Arbeitsgang herstellen. Hier ist das Hirnholz am Zapfen der kleinen Stütze zu sehen. Will man dies vermeiden, kann man halb einsenken statt das Brettchen zu durchbohren.

Abb. 187. Einige andere Methoden zur Herstellung von Regalen will ich jetzt vorstellen, bei denen sich einigermaßen entsprechende Paare ergeben. Bei der Auswahl und Vorbereitung der Rohlinge ist einige Sorgfalt notwendig. Dabei ist eine gute Werkbank ebenso wichtig wie das passende Werkzeug und etwas Erfahrung im Umgang damit.

Abb. 188. Hier ist das Holz bereits vorbereitet, und die Doppelstriche kennzeichnen die Bereiche, in denen die Brettchen angebracht werden sollen, in diesem Fall eins unten und eins oben. In diesen Bereichen sollen auch die Beschläge angebracht werden, mit denen das Regal an der Wand befestigt wird, da diese Bereiche der Stützen die dicksten sein werden.

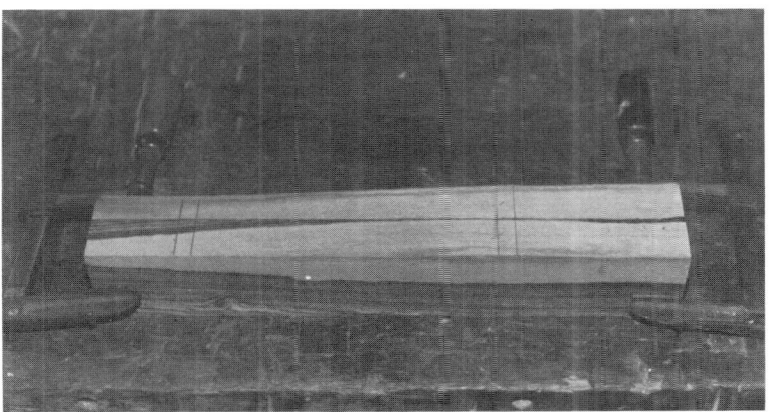

Abb. 189. Meine Beschläge haben einen Durchmesser von 25 mm. Ich bohre hier die passenden Aussparungen, in die die Beschläge bündig mit der Oberfläche der Stützenrückseite eingesetzt werden können. Anschließend muß dann noch jeweils eine Bohrung für die Köpfe der Aufhängeschrauben in den Beschlaglöchern hergestellt werden. All diese Arbeiten können vor dem Drechseln erledigt werden.

Abb. 190. Die industriell gefertigten Futter mit Klemmkonus sind relativ neu und für unterschiedliche Zwecke geeignet. Es gibt sie in verschiedenen Größen bis etwa 5 cm Durchmesser. Wir wollen jedoch unser eigenes Futter herstellen, so daß die verfügbaren Größen nicht so wichtig sind; eigentlich handelt es sich um zwei Futter, von denen eines auf die Antriebsspindel, das drehbare andere auf den Reitstock geschraubt wird. Sind die Enden des Rohlings nicht quadratisch oder zu dick für den Konus, dreht man sie zwischen den Spitzen entsprechend ab, wozu man die beiden Teile hier natürlich erst zusammenschrauben mußte. Man kann sie aber auch, wie ich, hier mit dem Drechslerstahl auf der Werkbank anpassen.

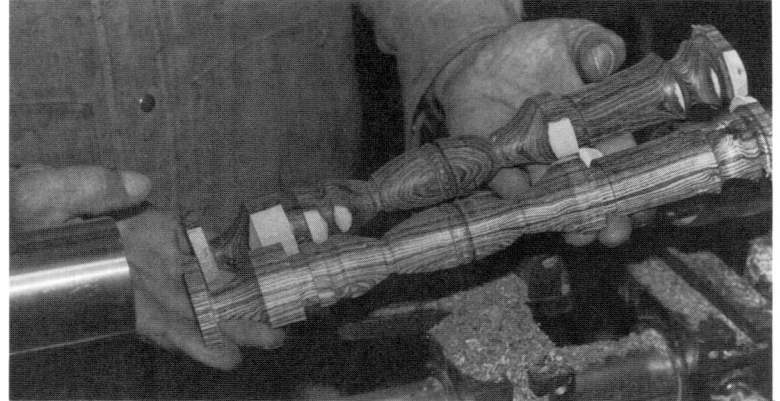

Abb. 191. Der Rohling wird dann so montiert, daß er fest im Futter klemmt, übermäßigen Druck auf das Holz sollte man aber vermeiden. Bei zusammengesetzten Rohlingen mit quadratischen Enden wie diesem, verschieben sich die beiden Teile leicht gegeneinander. Man kann dies aber verhindern, indem man in die Bohrungen für die Beschläge einen Holzdübel passender Dicke einsetzt.

Abb. 192. Mit dem Regalbrett als Lehre kann man den Zapfen exakt anpassen, eine Arbeit, für die ich einen schmalen Abstechstahl nehme. Stellt man die Zapfen gleich zu Beginn der Arbeit her, kann man eventuelle Beschädigungen am Werkstück durch eine entsprechende Gestaltung später noch eliminieren.

Abb. 193. Zwei in den Maßen vollkommen identische Stützen, deren Maserung dazu ebenfalls übereinstimmt, wenn man die Schnittflächen des der Länge nach aufgetrennten Rohlings nach außen dreht. Lediglich die Enden der Stützen sind nach der Demontage noch zu bearbeiten, alles andere kann in einem Arbeitsgang erledigt werden. Sollen die Stützen geölt werden, so wartet man damit aber besser bis nach dem Zusammenleimen des Regals. Bei allen auf der Drechselbank ausgeführten Oberflächenbearbeitungen aber muß sorgfältig darauf geachtet werden, daß die Zapfenbereiche nicht mitbehandelt werden.

Abb. 194. Hier Teile eines anderen Regals. Von links sehen Sie zuerst das Mittelstück, dann die beiden Flankenhölzer, eines davon ohne Schraublöcher, und dann zwei fertiggestellte Regalteile; das Teil rechts außen ist ab Bodenplatte für ein anderes Regal gedacht, bei dem die Schraublöcher durch Füße verdeckt werden. Das Brett, das wir jetzt weiter verwenden wollen, habe ich zum Teil schraffiert. Dieser schraffierte Teil wird anschließend entfernt.

Abb. 195. Die Stoßlade ist für den mit zusammengesetzten Rohlingen befaßten Drechsler ein nützliches Gerät. Hier dient sie dazu, die Schnittkante des außermittig durchbohrten Brettchens während des Hobelns ständig zu überprüfen.

Abb. 196. Die Teile dieses Regals wurden mit Danish Oil behandelt. Die kleinen Konsolen an den oberen Brettern wurden hier so gearbeitet, daß sie auf den Brettern befestigt werden konnten. Die Größe solcher Arbeiten hängt ausschließlich von der Spitzenweite und -höhe der verwendeten Drechselbank ab. Sie sollten jedoch zunächst mit kleineren Arbeiten wie z.B. einem Gewürzregal anfangen und mit zunehmender Erfahrung dann an größere Aufgaben gehen.

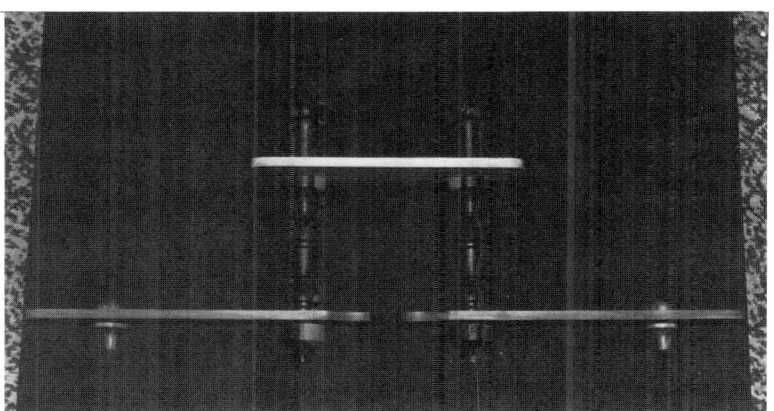

Abb. 197. Die Zahl der Eckstücke für das anfangs erwähnte, unterhalb der Decke umlaufende Regal mag Sie erstaunt haben; doch jener Raum hatte durch Vor- und Rücksprünge tatsächlich wesentlich mehr als nur vier Ecken. Für die sich vielfach wiederholenden Konsolen habe ich mir damals ein Futter gebaut, das es nicht zu kaufen gibt. Auf zwei Planscheiben habe ich je eine dicke Hartholzscheibe geschraubt, in die ich jeweils identische konische Vertiefungen gedrechselt habe.

Abb. 198. Am Reitstock habe ich einen mitlaufenden Gewindeadapter montiert, auf den ich eine der beiden Planscheiben geschraubt habe.

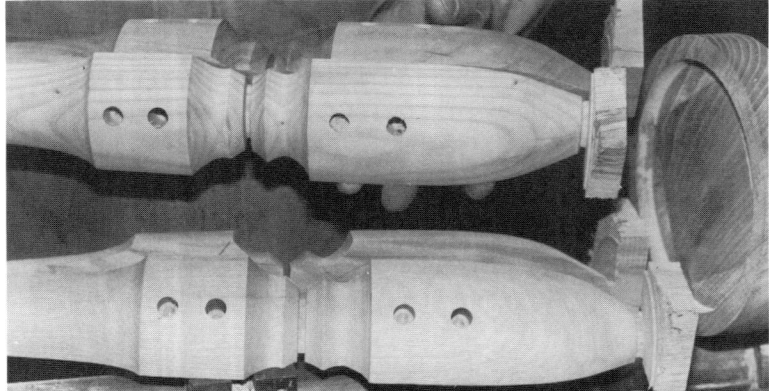

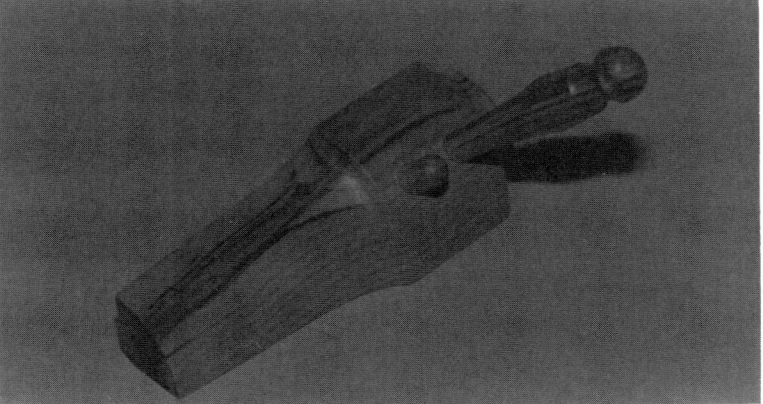

Abb. 199. So standen mir jetzt ein Futter mit einem Klemmkonus und ein mitlaufendes Gegenstück am Reitstock zur Verfügung, wie man sie in dieser Größe nirgends kaufen kann.

Abb. 200. Vier Hölzer von je 6,3 x 6,3 cm Querschnitt habe ich mit Klebeband zusammengefaßt, abgelängt und in diesem Futter montiert. Wichtig dabei war, daß dieser Rohling exakt und ohne Spiel in das Futter paßte, wofür exakt gleiche Länge der vier Hölzer und ein genau angepaßter Konus nötig waren.

Abb. 201. Ein Vorteil dieses Verfahrens ist die Geschwindigkeit, mit der sich größere Stückzahlen herstellen lassen. Hier sind aus dem Rohling insgesamt 8 Eckkonsolen in zwei unterschiedlichen Gestaltungen entstanden, die sich mit Ausnahme der im Futter und am Reitstock eingesetzten Enden in einem Arbeitsgang herstellen ließen. Diese Teile gehören zu einer Serie von Eckkonsolen zur Aufhängung von Blumentöpfen, denen hier lediglich Haken und Befestigungsschraube fehlen (siehe dazu Abbildung 300), für die die Bohrungen aber schon auf der Drechselbank hergestellt wurden.

Abb. 202. Hier eine der fertigen Eckkonsolen. Der Haken zum Aufhängen des Blumentopfes ist eingeleimt und ein Dübel zur Abdeckung des Schraubloches vorbereitet.

Abb. 203. All diese Haken und Konsolen wurden aus zusammengesetzten Rohlingen hergestellt. Zu jedem dieser Teile wurde gleichzeitig ein Pendant hergestellt. Ich habe schon gesagt, daß ich Papier/Leim-Verbindungen nicht mag; das Bild dürfte noch einmal klarmachen, warum: Die dünnen Stellen der beiden Konsolen rechts und links wären beim Trennen der beiden Werkstückteile hoher Belastung ausgesetzt, dem Risiko des Bruchs aber stehen keine Vorteile gegenüber. In diesem Zusammenhang aber noch ein weiterer Hinweis: Wenn Sie auf der Drechselbank ein zusammengesetztes Werkstück bis auf 1 cm abdrehen, dann haben Sie nach dem Trennen der Teile zwei Werkstücke von je 1 cm Breite, aber nur 1/2 cm Dicke, was oft zu wenig ist. Haben Sie aber einen aus vier Teilen zusammengesetzten Rohling, so wären die einzelnen Teile mit nur 1/2 cm Breite in jedem Fall zu dünn.

8. Flaschen und Gläser als Einsätze

Abb. 204. Die Unzahl von Gläsern und Flaschen, die heute in den Regalen der Läden stehen, verschwindet zum großen Teil in Mülltonnen und Altglascontainern. Gleichzeitig wird in den Bastelgeschäften und beim Zubehör für Drechsler häufig ein Sortiment ähnlicher Behälter angeboten. Bei meinen Drechselarbeiten aber bin ich fast immer mit den üblichen Haushaltsgläsern und Flaschen ausgekommen, ohne auf teures Drechslerzubehör zurückkommen zu müssen.

Im folgenden sollen nun Methoden zur Herstellung von Vasen gezeigt werden, bei denen im Werkstück eine Flasche eingesetzt ist. Mit Hilfe eines Stopfens aus gleichem oder kontrastierendem Holz kann man solche Behälter aber auch zur Aufbewahrung von Salatöl, Essig und ähnlichem verwenden, sofern die Flaschenöffnung nur dicht genug am oberen Ende des Werkstücks ist.

Abb. 205. Bei einem der beschriebenen Verfahren wird ein Spannzangenfutter verwendet, für das in die Unterseite des Werkstücks eine entsprechende Vertiefung gearbeitet werden muß. Diese Vertiefung eignet sich später zur Aufnahme einer dekorativen Applikation, einer Lederscheibe zum Beispiel oder eines Täfelchens mit dem Namen des Holzes oder des Drechslers, den man mit der Feder oder mit Anreibebuchstaben auf das Täfelchen schreiben kann. Eine emaillierte Kupferplatte ist — wie Sie hier sehen — ebenfalls gut geeignet und in Bastelgeschäften auch meist leicht in passender Größe zu bekommen. Wenn Sie eine solche Vertiefung so dekorieren, werden die meisten Betrachter davon ausgehen, daß die Vertiefung eigens zur Aufnahme dieser Dekoration hergestellt wurde; der eigentliche Zweck ist nicht mehr erkennbar.

Abb. 206. Dieser Eibenrohling mit seiner sehr eindrucksvollen Maserung hat nur geringfügige Fehler. Ich habe ihn zu einem exakten Zylinder gedrechselt und kann nun die Abmessungen der Flasche meiner Wahl auf das Werkstück übertragen und nur die Gestaltung des Holzes überlegen. Die dunklen, beinahe dramatisch wirkenden Stellen der Maserung möchte ich auf jeden Fall erhalten, der dünnere Hals der Vase muß also an das andere Ende des Werkstücks. Einschränkend für die Gestaltung der Vase ist — von der Flasche einmal abgesehen — lediglich noch die Art der verwendeten Futter, für die gegebenenfalls vorerst ein entsprechender Teil des Werkstücks stehenbleiben muß.

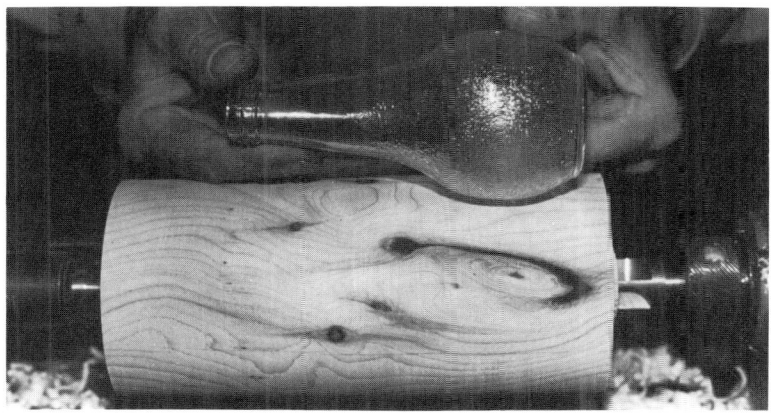

Abb. 207. Das Reitstockende, an dem sich der zukünftige Halsbereich der Vase befindet, wird nun für ein Mehrfachfutter vorbereitet. Dazu muß das Werkstück erheblich verjüngt und auf die Maße des Futters abgestimmt werden.

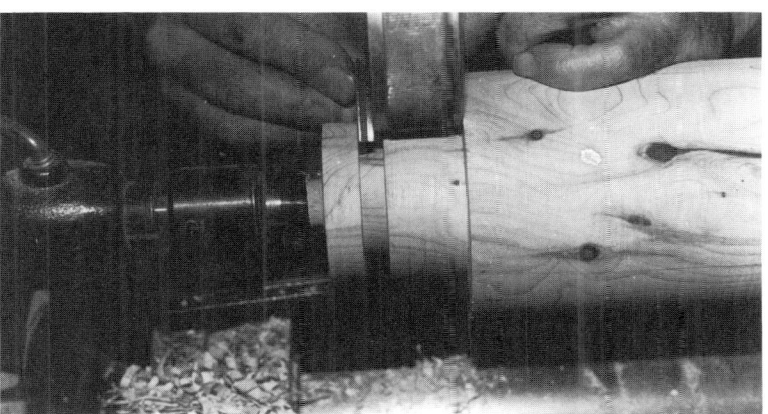

Abb. 208. Ist dann das Mehrfachfutter montiert, kann das Werkstück umgedreht wieder auf die Drechselbank gesetzt und mit der Reitstockspitze unterstützt werden. Anschließend kann man den Vasenboden mit dem Abstechstahl oder — wie ich hier — mit dem Hohlstahl soweit bearbeiten, daß die nach dem Aushöhlen verbleibende Unterkante keiner weiteren Bearbeitung bedarf.

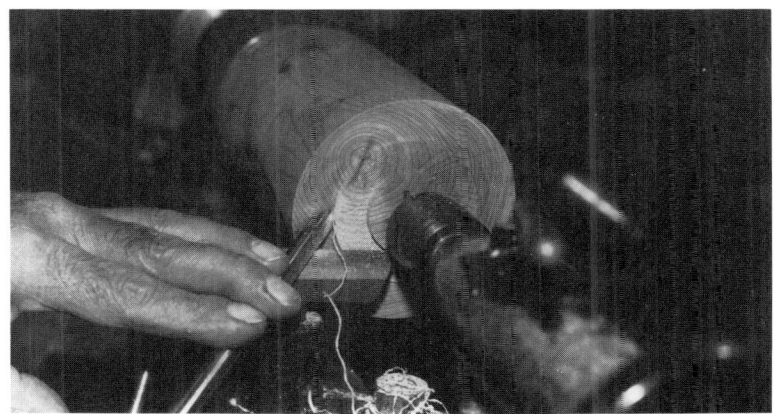

Abb. 209. Jetzt kann man am Reitstock ein Bohrfutter montieren und, soweit dies die Durchmesser der zur Verfügung stehenden Bohrer zulassen, das Werkstück aushöhlen. Die Bohrtiefe sollte dabei höchstens 3 mm größer als die Länge der Flasche sein.

Abb. 210. Bei manchen Hölzern läßt sich das Hirnholz mit einem Hohlstahl nur schwer bearbeiten. In solchen Fällen empfehle ich einen schrägen Drechslerstahl, dessen Spitze senkrecht oder mit etwa 5 Grad Neigung des Griffes nach unten angesetzt auch bei schwierigen Hirnhölzern hervorragend arbeitet. Die Umdrehungsgeschwindigkeit sollte dabei zwischen 1000 und 1500 U/min liegen. Der Stahl wird dabei zwar nicht übermäßig schnell stumpf, um jedoch ein gutes Finish zu erreichen, sollte man ihn sehr scharf halten. Hier im Vaseninneren spielt das Finish allerdings keine Rolle.

Abb. 211. Für die gewölbte Höhlung dieser Vase ist aber auch ein Schabstahl mit halbrunder Schneide ein brauchbares Werkzeug. Den Schabstahl, den ich hier im Bild halte, gibt es mit wolframvergüteter Schneide, jeweils nach links oder nach rechts gerundet, für konvex bzw. konkav zu arbeitende Werkstücke.

Abb. 212. Ständige Überprüfung der Höhlung mit der Flasche zahlt sich aus. Zwar sollte die Flasche etwas Spiel haben, damit das Holz später noch arbeiten kann, ohne die Flasche gleich zu zerdrücken; je weniger Sie aber innen wegnehmen, desto mehr Holz steht Ihnen bei der äußeren Gestaltung der Vase zur Verfügung.

Abb. 213. Hier ist die Höhlung fertig; die Flasche klemmt weder noch wackelt sie in dem Holz hin und her.

Abb. 214. Jetzt kann an der Unterseite des Werkstücks einFalz für den Vasenboden gearbeitet werden, wobei sich wieder etwas Spiel für die Flasche empfiehlt. Mit einem in den Falz passenden Hölzchen können Sie die Falztiefe leicht kontrollieren. Je nach Größe des Werkstückes sollte die Flasche zwischen 1,5 und 3 mm Spiel haben.

Abb. 215. Sind Höhlung und Falz fertig, kann das Werkstück vom Futter genommen und der Vasenboden gedrechselt werden. Diese Bodenscheibe habe ich auf einer kleinen Spannzange mit nur 2,5 cm Durchmesser montiert. Den Falz für dieses Futter bohre ich bei kleinen Werkstükken üblicherweise mit einem Holzbohrer gleichen Durchmessers etwa 3 mm tief ein. Auch diese Bodenscheibe sollte unter wiederholtem Anpassen auf den richtigen Durchmesser abgedreht werden. Da das Werkstück während der kommenden Arbeitsgänge mit Hilfe dieser Scheibe angetrieben soll, muß die Scheibe sehr exakt gearbeitet sein.

Abb. 216. Hier ist die Vase auf der Bodenplatte montiert und wird durch die Reitstockspitze lediglich unterstützt. Der Halsbereich der Vase ist wieder am Reitstock, die Flasche ist nicht eingesetzt und der Boden natürlich nicht eingeleimt.

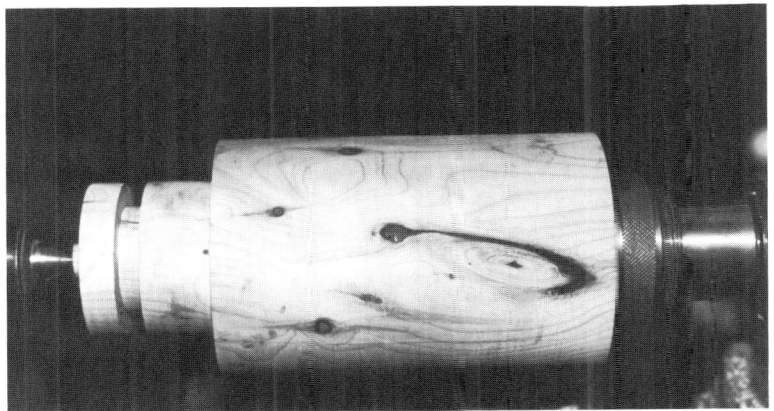

Abb. 217. Mit einem Schruppstahl wird jetzt die grobe Form der Vase herausgearbeitet. Da bei so einem Eibenrohling keine Probleme zu erwarten sind, habe ich hier einen neuen HSS-Stahl genommen, der aufgrund seiner ungewöhnlichen Form — er wird aus einem zylindrischen Stahlstab hergestellt — etwas gewöhnungsbedürftig war.

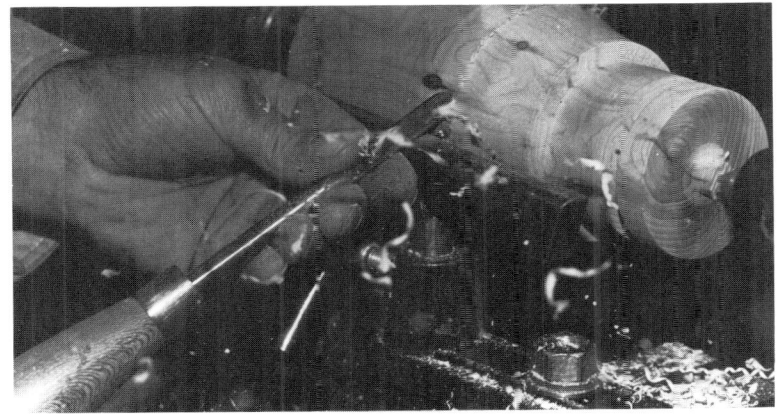

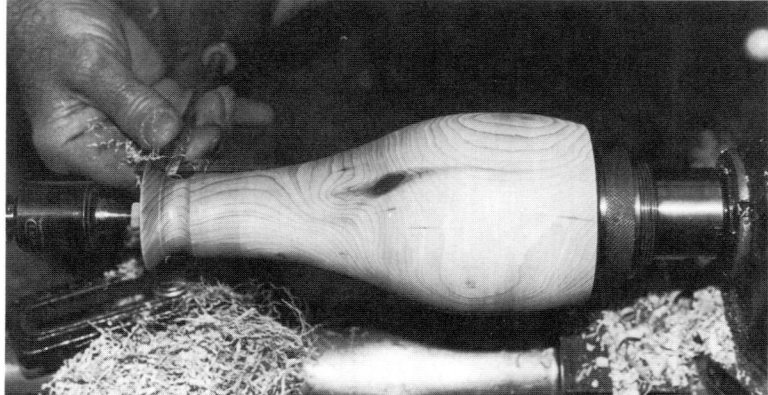

Abb. 218. An diesem Bild wird deutlich, warum die Flasche bisher nicht eingesetzt und der Boden nicht eingeleimt wurde. So nämlich kann man das Werkstück ohne Einschränkung laufend auf eine ausreichende Wandstärke hin kontrollieren, so daß keine Probleme mit zu dünnem oder gar durchstoßenem Holz auftreten werden.

Abb. 219. Erst unmittelbar vor dem abschließenden Glätten der Oberfläche wird die Flasche eingesetzt und der Boden verleimt. Am besten schleift man den Flaschenboden mit grobem Schleifpapier etwas an und klebt sie mit einer Silikon-Dichtungsmasse am Boden fest. Die Masse bleibt elastisch genug, um spätere Bewegungen des Holzes auffangen zu können, ohne die Haftfähigkeit einzubüßen. Auch der Flaschenhals läßt sich auf diese Weise befestigen. Zum Einleimen des Bodens wird dann der gewohnte Holzleim verwendet. Die Flasche kann nun im Holz nicht wackeln, hat dennoch ausreichend Spiel und ist am Hals gegen das Holz abgedichtet, so daß später hier keine Flüssigkeit eindringen kann.

Abb. 220. Nachdem der Leim getrocknet ist, können alle abschließenden Schleif- und Polierarbeiten erledigt werden, wobei das Werkstück noch immer von der Reitstockspitze gestützt wird.

Abb. 221. Mit einem am Reitstock eingespannten Holzbohrer, dessen Durchmesser nur geringfügig kleiner sein muß als die Flaschenöffnung, wird nun der Vasenkopf durchbohrt, wozu man die Drechselbank auf die niedrigstmögliche Drehzahl stellt. Sofern am Flaschenhals genügend Dichtungsmasse aufgetragen wurde, ist die Flasche nun vollkommen gegen das Holz abgedichtet.

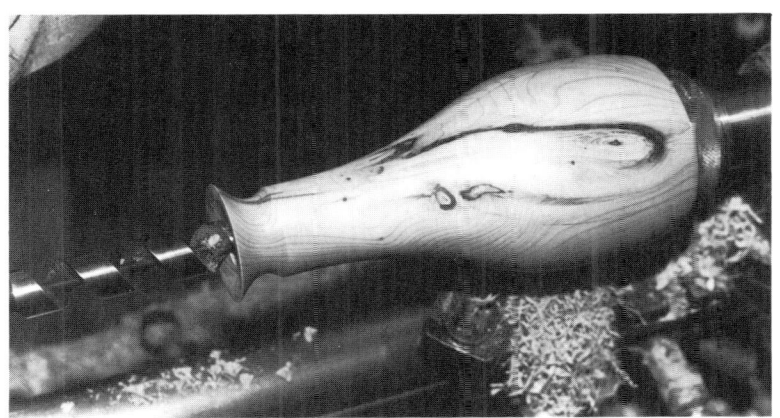

Abb. 222. Muß man das Werkstück zum Beispiel für abschließende Oberflächenbehandlungen doch noch einmal auf die Drechselbank nehmen, so ist das auch in diesem Stadium ohne weiteres möglich. Am Reitstock kann man das Werkstück dabei mit einer mitlaufenden Spitze stützen.

Abb. 223. Zum Schleifen und Polieren des Kopfes kann man den Reitstock aber auch wegschieben.

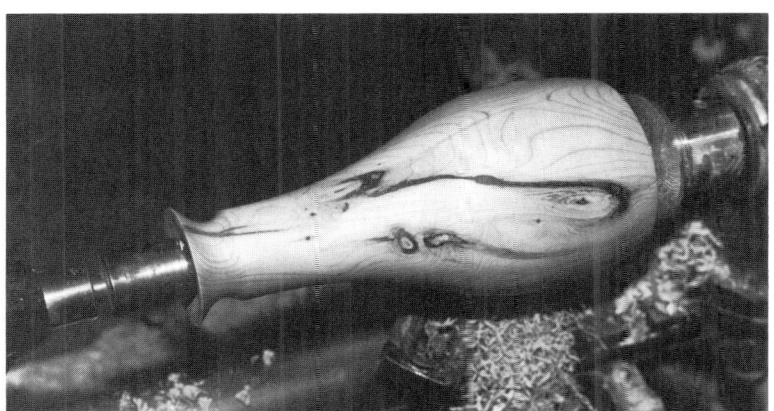

Abb. 224. Man kann das Werkstück aber auch umgedreht montieren, wenn man sich für die obere Öffnung einen Aufspannzapfen herstellt und diesen auf eine kleine Planscheibe montiert. Am Boden stützt man die Vase dabei am besten mit einer mitlaufenden Spitze. Wird die dort vorhandene Bohrung, wie anfangs beschrieben, mit einer Applikation versehen, kann man aber auch ohne weiteres eine feststehende Körnerspitze nehmen. Denken Sie beim Schleifen und Polieren immer daran, die arbeitende Hand mit der anderen zu unterstützen.

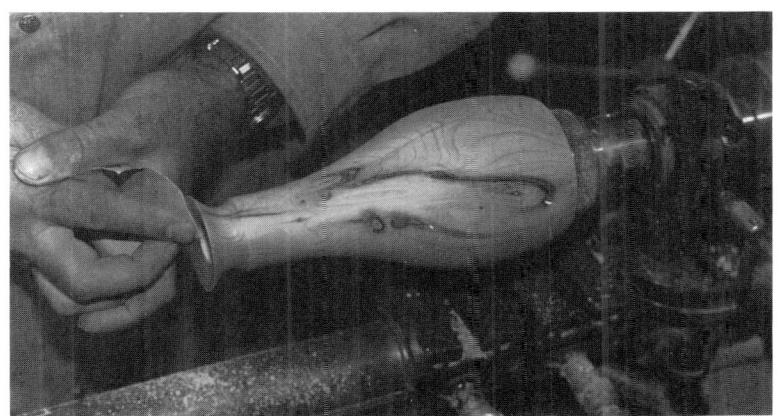

Abb. 225. Hier eine Auswahl von Scheiben, die in die Bohrung im Boden eingelassen werden können. Am besten klebt man solche Scheiben mit einem Epoxykleber fest.

Abb. 226. Hier zwei Flaschen, die ihrer Form nach besonders gut für Arbeiten der beschriebenen Art geeignet sind. Die Formenvielfalt aber ist beträchtlich, und die Möglichkeiten sind beinahe unbegrenzt.

9. Arbeiten mit frischen Hölzern

Abb. 227. Eine Technik, die sich offenbar zunehmender Beliebtheit erfreut, ist das Drechseln frischer Hölzer, mit denen man einige spektakuläre Effekte erreichen, aber durchaus auch Mißerfolge ernten kann, sofern man nicht sehr vorsichtig vorgeht. Diese Technik wurde von Michael O'Donnell und einigen anderen Drechslern entwickelt. Manche ihrer Arbeiten sind eine reine Augenweide. Am Beispiel dieses Ahornscheites will ich das Prinzip solcher Arbeiten erläutern. Der Scheit stammt vom Ast eines kranken Baumes; ich habe ihn wegen der krankhaften Verfärbung des Hirnholzes ausgesucht. Daneben sehen Sie eine Schale aus einem weiteren Teil dieses Astes, die mir leider etwas sehr klein geraten ist. Es war dies meine erste Arbeit nach dieser Technik und ich war entsprechend übervorsichtig, aber nichts Unerwartetes geschah. und die Arbeit gelang.

Abb. 228. Zunächst einmal habe ich mit der Bohrmaschine ein Loch von 2,5 cm Durchmesser für das Futter gebohrt, das ich für diesen Rohling verwenden wollte. Die Bohrung sollte dem Schwerpunkt des Holzscheites möglichst nahe kommen, damit sich das Scheit einigermaßen ausgewuchtet auf der Drechselbank dreht und andererseits das Werkstück maximale Größe hat.

Abb. 229. Hier das Futter meiner Wahl in Nahaufnahme. Einige Hersteller liefern dieses Teil als Zubehör für ihre konventionellen Futter. Ein Nachbau in Holz ist bei diesem Prinzip allerdings nicht möglich, da die auftretenden Belastungen, wie Sie gleich sehen werden, beträchtlich sind.

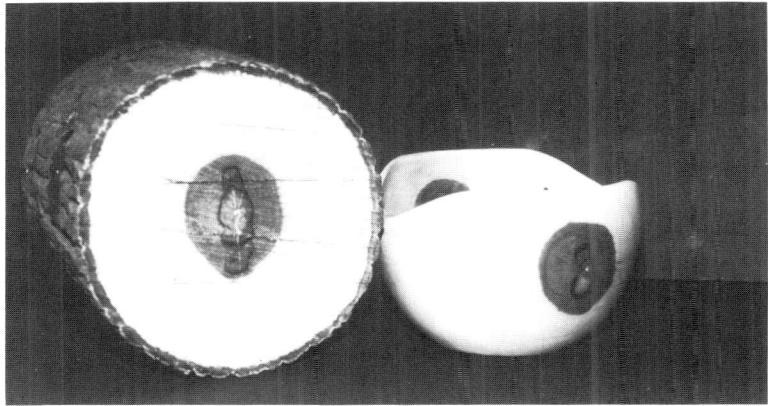

Abb. 230. Das Prinzip dieses Futters ist eigentlich sehr einfach. Ein Stahlzylinder ist mit einer Längsnut versehen, in der lose ein Stahlstift liegt. Liegt der Stift in der Mitte der Nut, so bleibt er exakt innerhalb des Zylinderdurchmessers und das Futter läßt sich problemlos in die Bohrung des Rohlings schieben. Wird der Rohling dann gedreht, so rollt der Stift zur Seite und klemmt sich zwischen der flachen Nutseite und dem Holz fest.

Abb. 231. Einen solchen Rohling auf der Bandsäge vorzubereiten, wäre ein nicht ganz ungefährliches Unterfangen, da man das Holz freihändig führen müßte. So aber kann man es bei etwa 750 U/min mit einem 10 mm breiten Schruppstahl leicht bearbeiten.

Abb. 232. Von Zeit zu Zeit wird die Drechselbank gestoppt, um die Werkzeugauflage nachzustellen. Eigentlich ist diese Arbeit sogar einfacher als das Schruppen eines üblichen Rohlings. Statt der gewohnten vier hat dieser Rohling nur zwei "Ecken", und frisches Holz zu drechseln ist ohnehin sehr leicht.

Abb. 233. Bald war der Rohling zu einem handlichen Werkstück geworden, an dessen Ende ich nun einen Falz für ein kleines Spannzangenfutter herstellen konnte.

Abb. 234. Hier ist das Werkstück bereits umgedreht montiert. Alle weiteren Arbeiten bis hin zur Oberflächenbehandlung können jetzt ohne weitere Montage nacheinander ausgeführt werden. Vorn sehen Sie noch die Bohrung für das zylindrische Futter mit dem Stift. Das Futter läßt sich meist leicht aus dem Werkstück ziehen, wenn man Werkstück und Futter gegen die Drehrichtung der Drechselbank etwas verdreht. Nur selten ist etwas Kraft dabei erforderlich.

Abb. 235. Durch die Bohrung für das Futter wird dann auch das Aushöhlen des Werkstücks zu einer einfachen Übung. Es gibt übrigens auch Futter dieser Art mit größerem Durchmesser, bei denen noch größere Löcher gebohrt werden müssen. Frisches Holz aber ist, wie bereits gesagt, ohnehin leicht zu bearbeiten und mit dem Hohlstahl auch leicht zu glätten. Ich habe es jedoch mit einem Schabstahl versucht, was sich als großer Fehler entpuppte. Auch das Schleifen dieses sehr harzigen Holzes erwies sich als sehr einfach. Anfangs nahm ich 150er, zum Feinschliff dann 320er Papier, das ich vorher in Teak-Öl getaucht hatte.

Abb. 236. Eine der Grundideen beim Drechseln von frischem Holz ist es, die Form des Rohlings soweit wie möglich beizubehalten. Bei manchen Hölzern kann man sogar die Borke am Werkstück lassen, wo es dessen Form zuläßt. Bei diesem Beispiel allerdings mußte sie entfernt werden, eine rauhe Holzkante blieb jedoch erhalten. Ihrer gewellten Form wegen ließ sie sich auf der Drechselbank nicht ganz fertigstellen, sondern mußte von Hand nachgearbeitet werden, eine Arbeit, für die sich eine Bandschleifmaschine gut geeignet hätte. Für Arbeiten wie diese muß man übrigens nicht unbedingt eine ganze Astscheibe haben. Ebensogut sind halbierte Scheiben, bei denen dann das Futter in der Rundung montiert wird.

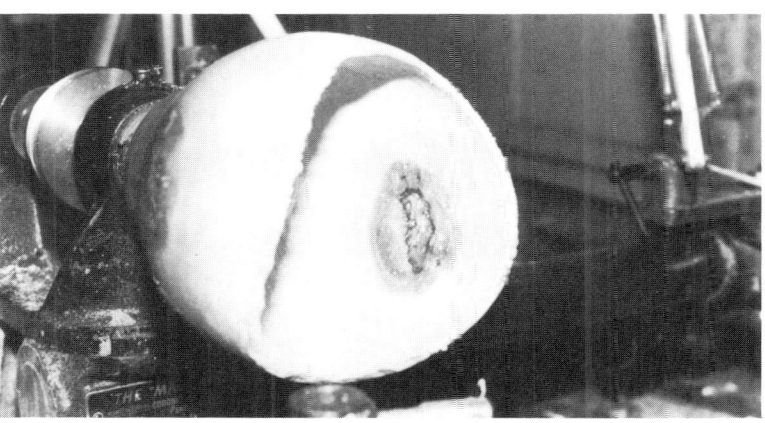

10. Zusammengesetzte Rohlinge für große Schalen

Schalen aus einem massiven Rohling sind für einen Drechsler eine faszinierende Aufgabe, ein mit Bedacht gewählter, sorgfältig vorbereiteter Rohling kann unter seinen Händen zu einer beeindruckenden Arbeit werden. Aber auch Arbeiten aus zusammengesetzten Rohlingen erfordern beim Zusammensetzen und Gestalten einiges Geschick, wenn auch vieles dem persönlichen Geschmack des Drechslers überlassen bleibt. Zusammengesetzte Rohlinge bedeuten sehr sparsamen Holzverbrauch bei deutlich verringertem Arbeitsaufwand für das Drechseln, andererseits steigt der Leimverbrauch, und für das Zusammensetzen des Rohlings ist zusätzlicher Zeitaufwand erforderlich. Zwar arbeiten die meisten Drchsler nur für den Hausgebrauch, so daß sich eine ernsthafte Kalkulation eigentlich erübrigt, die Einsparungen beim Holz dürften aber bei vielen doch eine Rolle spielen. In Abbildung 256 ist ein zusammengesetzter Rohling mit einer massiven Bodenplatte dargestellt, an dem Sie leicht die Einsparungen an Holz und Aufwand abschätzen können, wenn Sie sich dagegen den Klotz vorstellen, den man zum Drechseln einer massiven Schale gebraucht hätte.

Abb. 237. Hier eine relativ einfache Schale mit 30 cm Durchmesser aus Krokoholz. Für die Unternehmungslustigen unter Ihnen bieten sich noch einige andere Möglichkeiten an, die allerdings meist etwas Erfahrung voraussetzen. Neulich sah ich zum Beispiel eine Schale, bei der die einzelnen Segmente horizontal wie vertikal durch ein eingelegtes Furnier getrennt waren; etwas zu wild für meinen Geschmack, aber dennoch eine interessante und gediegene Arbeit, bei der das Holz offenbar erst beidseitig furniert und dann in Streifen geschnitten wurde. Die vertikalen Furniere wurden dann wahrscheinlich beim Zusammenleimen der einzelnen Segmente eingebracht, eine Arbeit, die den Anfänger auch ohne Furnier meist schreckt, sich dann aber doch als unkompliziert erweist. In diesem Kapitel will ich außerdem ein neues Futter, das heißt, eine besonders große "Boulter" vorstellen, die dem Zuschauer regelmäßig Angst einjagt, wenn sie sich auf der Drechselbank in Bewegung setzt, sich dann aber als überaus handlich und wirkungsvoll erweist. Tatsächlich kann dieses an sich harmlose Gerät bei Drehzahlen über 500 U/min gefährlich werden. Darunter aber ist sie für das Drechseln von Schalen aus zusammengesetzten Rohlingen das ideale Futter. Ob die Segmente des Rohlings nun aus einem oder mehreren unterschiedlichen Hölzern, der Boden massiv oder ebenfalls zusammengesetzt ist, stets ist dieses Futter sehr viel effektiver als die sonst bei solchen Arbeiten üblichen. Bei dieser Schale hier habe ich zwei Holzplatten als Boden verwendet, die ich mit der Maserung senkrecht zueinander aufeinandergeleimt habe. Die im folgenden beschriebene Methode eignet sich aber für Rohlinge aller Arten, ganz gleich, wie sie im einzelnen zusammengesetzt sind.

Abb. 238. Dieser Rohling besteht aus 6 Ringen unterschiedlicher Dicke, die je aus 18 Segmenten zusammengesetzt sind. Durch sorgfältige Anpassung der Ringdicken und -durchmesser an die geplante Form des Werkstücks läßt sich der Holzvorrat erheblich strecken.

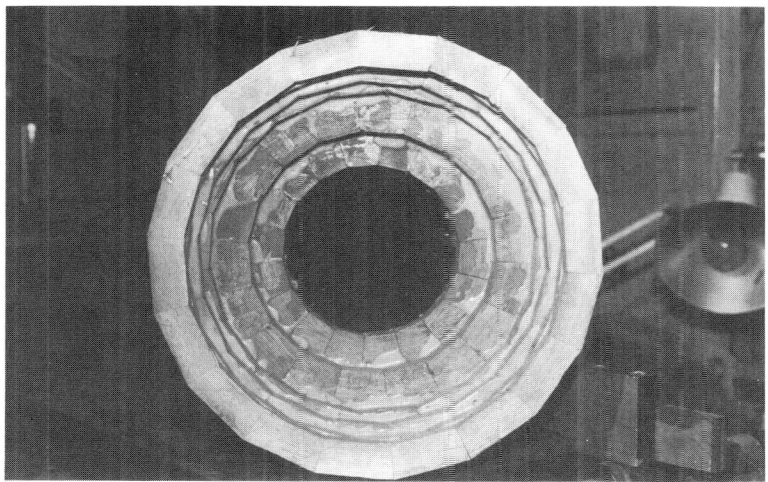

Abb. 239. Hier nun die große "Boulter" mit gut 50 cm Durchmesser. Sie ist aus einer 19 mm dicken Tischlerplatte bester Qualität auf der Drechselbank hergestellt worden. Nach dem Sägen der Schlitze wurde sie wieder auf der Drechselbank montiert und erhielt dort — von Hand gedreht — konzentrische Markierungskreise in unterschiedlicher Farbe und mit je etwa 5 mm Abstand. Die mit dem Filzstift gezogenen Kreise erleichtern die Zentrierung des Werkstücks und die Einrichtung der Greifklauen sehr, wobei die verschiedenen Farben eine Verwechslung der Linien verhindern. Außer den Greifklauen sind hier noch drei kleine Stahlwinkel zu sehen, die bei einer Scheibe dieses Durchmessers das Zentrieren vereinfachen. Sie werden vor der Montage des Rohlings auf dessen Außendurchmesser eingestellt, und wenn dann der Rohling eingesetzt ist und die Drechselbank von Hand gedreht wird, läßt sich der Rohling durch leichte Korrekturen der Winkel schnell exakt zentrieren. Die Winkel sind wie die Greifklauen mit Bolzen, Unterlegscheiben und Muttern befestigt wie Sie in Abbildung 249 gut erkennen können.

Abb. 240. Anschließend können die Greifklauen angebracht werden, die auch hier am besten mit Flügelmuttern gesichert werden. Da seitliches Verrutschen des Rohlings durch die Winkel verhindert wird, reichen hier zwei Klauen vollkommen aus.

Abb. 241. Wenn Sie die Drehzahl auf höchstens 500 U/min einstellen und die üblichen Sicherheitsregeln beachten, kann nun nichts aufregendes mehr passieren. Selbst wenn die Greifklauen versagen sollten, wird der Rohling sicher an seinem Platz bleiben. Die Werkzeugauflage ist an den Rohling herangeschoben, und mit einem schrägen Drechslerstahl von etwa 6 mm Breite kann nun das Schaleninnere bearbeitet werden.

Abb. 242. Der Schalenboden kann vor der Montage des Rohlings auf der Werkbank mit dem Abrichthobel geglättet werden. Als Drechsler werden Sie aber wohl die Bearbeitung auf der Drechselbank vorziehen. Mit einem geraden Schabstahl können Sie einen Großteil der Fläche glätten, so daß später nur ein kleiner Bereich nach Einsetzen der Bodenplatte nachgearbeitet werden muß.

Abb. 243. Eine exakte Arbeit und eine hohe Festigkeit des Werkstücks erreichen Sie, wenn alle aufeinanderliegenden Flächen vollkommen eben sind. Mit einem kleinen Winkelmesser läßt sich der Flansch für die Bodenplatte leicht überprüfen.

Abb. 244. Hier ist der Flansch fertig, ein Falz wird bei dieser Schale nicht benötigt, statt dessen soll die Bodenplatte etwas überstehen, so daß die Schale einen Sockel erhält. Natürlich hätte ich auch einen Falz wie in Abbildung 250 drechseln können, der durch die Vergrößerung der Leimflächen zusätzliche Festigkeit gebracht hätte.

Abb. 245. Man kann nie genug Planscheiben haben; so habe ich mir im Laufe der Zeit einige zugelegt und sie mir von einem guten Schweißer für meine Zwecke umbauen lassen. Hier ein als Zentrierhilfe für meine Drechselbank angebotenes Zubehör für Planscheiben und andere Futter.

Abb. 246. Hier zentriere ich die Bodenplatte, die ich aus zwei 10 mm dicken, mit der Maserung senkrecht zueinander verleimten Holzplatten herstellen will. Natürlich hätte ich die Platte auch aus einem Stück herstellen können; höhere Festigkeit, interessantere Gestaltungsmöglichkeiten und vor allem die Kostbarkeit dickerer Holzplatten ließen mich den anderen Weg wählen.

Abb. 247. Die Bodenplatte soll zur Hälfte in den Schalenboden eingelassen werden, die andere Hälfte soll den gewünschten Sockel bilden. Die Platte muß also zur Hälfte exakt dem Flansch im Schalenboden angepaßt werden, während die andere Hälfte der Plattenkante frei geformt und in diesem Stadium vollständig fertiggestellt werden kann. Beim Einleimen der Platte austretender Leim kann dann mit einem feuchten Lappen abgewischt werden.

Abb. 248. Hier ist die Platte bereits eingeleimt. Platte und Planscheibe sind gekennzeichnet, damit die Planscheibe später gegebenenfalls noch einmal exakt montiert werden kann. Auf keinen Fall darf man jetzt weiterarbeiten, solange der Leim noch nicht vollständig getrocknet ist. Auf diesem Foto erkennt man übrigens gut, wie sehr ein solcher aus 18teiligen Ringen zusammengesetzter Rohling schon vor dem Drechseln einem Zylinder ähnelt.

Abb. 249. Falls es aus irgendeinem Grund auf Ihrer Drechselbank nicht möglich ist, die Schale auch von der Rückseite her zu bearbeiten oder aber die Form Ihrer Schale dies nicht zuläßt, kann man das Werkstück auch eingedreht auf diesem Futter montieren. Man zentriert die Schale wieder mit Hilfe der Stahlwinkel (Holzklötze mit durchgesteckten Bolzen erfüllen den Zweck ebenfalls), verwendet aber diesmal statt der Greifklauen einfach Holzschrauben, die durch die Klauenschlitze in den Schalenrand geschraubt werden. Die Schraublöcher müssen dann allerdings in einem Bereich liegen, der bei der späteren Formung entfällt.

Abb. 250. Hier ein Werkstück, dessen Boden bündig mit der angrenzenden Fläche in einen Doppelfalz eingesetzt werden soll. Bis auf die oberste Schicht ist die Schalenaußenseite bereits fertiggestellt und geschliffen. Ein solches Vorgehen dürfte zwar kaum einmal wirklich nötig sein, wie Sie sehen, ist es aber ohne Probleme möglich.

Abb. 251. Da es für Werkstücke diesen Ausmaßes keine passenden Schellen gibt, sollte man vorsichtigerweise mit einem Schabstahl weiterarbeiten. Diese Empfehlung des Herstellers der in Abbildung 98 gezeigten verstellbaren Zwinge mag wohl ihre Gründe haben, bei einem exakt zusammengesetzten Rohling und der Klebkraft moderner Leime dürfte diese Vorsicht aber wohl etwas zu groß sein. Die vielfach wechselnde Richtung der Maserung sorgt darüber hinaus für große Stabilität und mindert das Risiko verborgener Fehler, die bei einem massiven Rohling Probleme schaffen könnten. Natürlich kann man die Schale mit dem Schabstahl fertigstellen, und da kein Hirnholz bearbeitet werden muß, auch ein schönes Finish erreichen. Ich ziehe jedoch Schneidwerkzeuge wie diesen 10 mm breiten Hohlstahl vor, mit denen man die Außenschale sehr gut glätten kann.

Abb. 252. Für das Schaleninnere nehme ich dann einen etwas kleineren Hohlstahl, der größere würde aber wohl ebensogut sein.

Abb. 253. Ist die Schale grob geformt, ziehe ich den Stahl für die abschließenden Glättarbeiten neu ab. Die genannten Stähle habe ich als besonders geeignet und angenehm empfunden. Die Wahl des "richtigen" Werkzeugs hängt aber sehr von den Vorlieben und Erfahrungen des einzelnen Drechslers ab, auch verhalten sich die Hölzer oft sehr unterschiedlich, so daß ich hier keine Rezepte geben will.

Abb. 254. Ein ständig scharf gehaltener großer Schabstahl, besonders einer aus HSS- oder wolf-ramvergütetem Stahl, ist aber ebenfalls für die meisten Arbeiten geeignet, bei denen kein Hirn-holz bearbeitet werden muß.

Abb. 255. Noch einige ganz feine Späne und die Schale ist bereit für die abschließende Oberflä-chenbehandlung.

Abb. 256. Das Bild zeigt wohl deutlich, wie sehr sich die in eine sorgfältige Planung des Roh-lings investierte Zeit auszahlt. Wenn man wie ich immer gleich eine ganze Reihe von Rohlingen herstellt, bietet sich eigentlich ein abgeändertes Verfahren an, bei dem mit Hilfe von Schablonen für die geplanten Schalen bereits bei der Planung die Größe der einzelnen Rohlingsteile überprüft werden kann. Beim Drechseln sorgen die Scha-blonen dann nicht nur für eine exakte Formge-bung der Schalen, sondern auch für die sichere Einhaltung der erforderlichen Dicke des Werk-stücks. Ich kann zwar nicht genau angeben, wie dick eine Schalenwand mindestens zu sein hat, da Faktoren wie Holzart, Schalengröße und -form eine große Rolle spielen, aus Erfahrung aber möchte ich sagen, daß eine Schale von etwa 30 x 10 cm Größe an keiner Stelle dünner als etwa 7 bis 10 mm sein sollte, solange man nicht reichlich Erfahrungen mit solchen Arbeiten sammeln konnte.

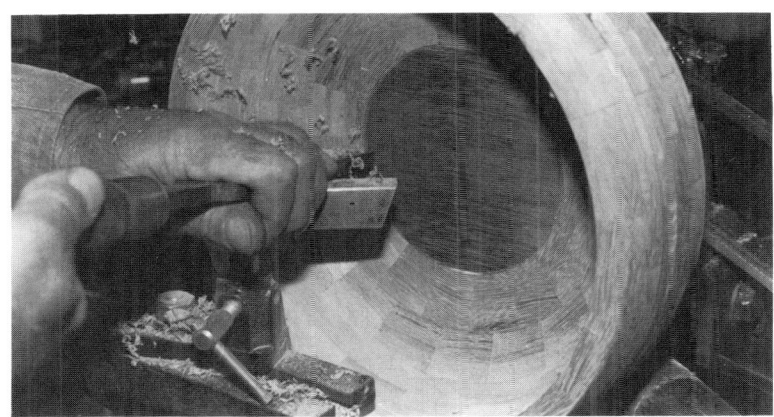

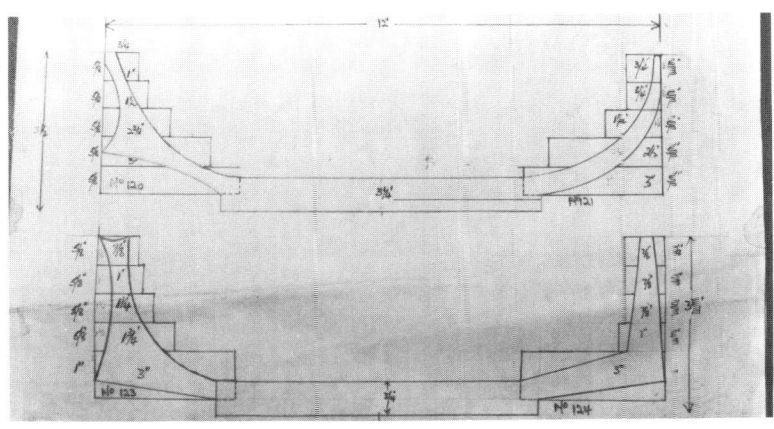

11. Aus Ringen zusammengesetzte Rohlinge für Schalen

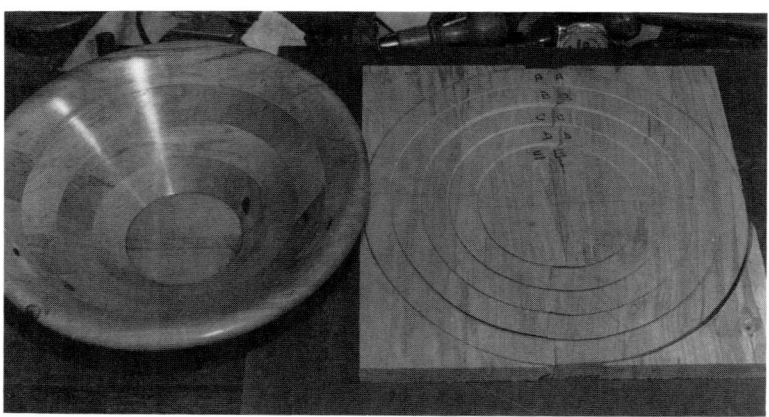

Abb. 257. Das Verfahren, das ich Ihnen hier vorstellen will, ist das bei weitem sparsamste, das ich kenne. Der einzige Abfall, der beim Drechseln dieser Schale aus dem rechts dargestellten Holz anfällt, sind, von etwas Sägemehl und ein paar Drechselspänen abgesehen, die vier Eckstücke der Platte; und selbst diese kann man noch für einen Schalensockel verwenden. Leider habe ich für dieses Verfahren kein weiteres Anwendungsgebiet finden können als eben Schalen, die ich hier in ihrer einfachsten Form vorstellen will. Ohne Schwierigkeiten wird es Ihnen aber möglich sein, das Verfahren zu modifizieren und eigene Ideen zur Gestaltung solcher Schalen beizusteuern. So kann man die einzelnen Ringe durch Furniere trennen oder das Brett selbst aus verschiedenen Teilen zusammensetzen. Furnierstreifen kann man auch zwischen einzelne Ringsegmente einsetzen, dickere Zwischenlagen verändern den Ring aber leicht zur Ellipse, so daß sich der Rohling nicht mehr exakt montieren und drechseln läßt. Aber auch mit einfachen Modifikationen lassen sich bereits sehr auffällige Effekte erreichen.

Abb. 258. Die leere Schale wirkt nicht sehr standfest, ist es aber doch, wie Sie auf diesem Foto einer Schale ohne Sockel sehen können.

Abb. 259. Hier habe ich vier Holzbretter von 2,5 x 10 cm jeweils zu zweit aneinandergeleimt und die beiden resultierenden Bretter zu einer großen Platte zusammengelegt und mit Schraubzwingen festgesetzt, aber nicht miteinander verleimt. In der Plattenmitte habe ich ein Stück Klebeband befestigt, um einen sicheren Mittelpunkt für den Zirkel zu haben.

Abb. 260. Die Zirkelspitze darf das Holz nicht beschädigen, da dieser Bereich später sichtbar sein wird und Ausbesserungen hier kaum möglich sein werden. Für eine Schale von 12,5 cm Höhe und 30 cm Durchmesser zeichne ich hier Kreise mit 2,5 cm Abstand zueinander.

Abb. 261. Nach dem Zersägen der Platte geraten die Teile leicht durcheinander, so daß man sie am besten vorher durchnumeriert bzw. durchbuchstabiert, erst recht wenn man mehrere Rohlinge gleichzeitig herstellen will. Da man bei diesem Verfahren umständliche Vorbereitungen zum Beispiel beim Einrichten des Sägetisches hat, dürfte sich hier eine kleine Serie lohnen.

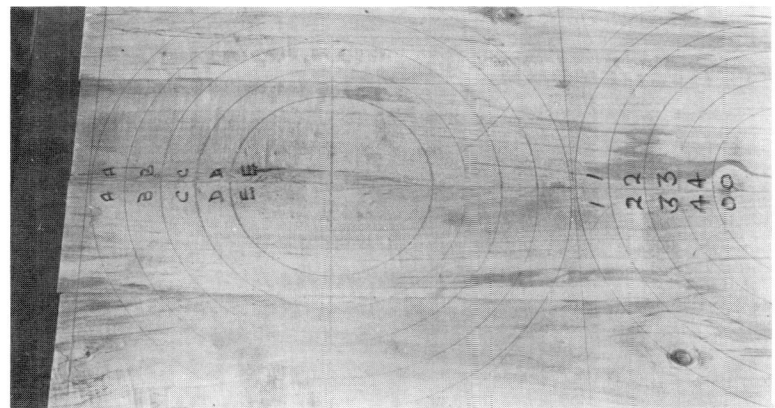

Abb. 262. Sind die Kreise aufgezeichnet und gekennzeichnet, werden die Stoßkanten und die Unterseite der zukünftigen Bodenplatte, soweit nötig, gehobelt. Hierbei, wie auch beim Aussägen der Ringe ist eine hohe Genauigkeit erforderlich, da wegen der geringen Dicken der Teile spätere Korrekturen auf der Drechselbank nur bedingt möglich sind.

Abb. 263. Den äußeren Kreisring können Sie dann mit der Bandsäge wahlweise auf dem horizontal oder auf 45° eingerichteten Sägetisch aussägen. Ich säge hier auf dem horizontal eingestellten Tisch, da dann der Rohling an der Oberkante etwas dicker ist und mehr Gestaltungsmöglichkeiten bietet. Wenn Sie dagegen auf dem schrägen Tisch sägen, wird Ihr Rohling bis zur Oberkante parallele Wandungen haben. Das Aussägen ist nicht ganz einfach, so daß Sie gut daran tun, die Arbeiten auf dem geneigten Tisch zunächst an einigen Abfallstücken zu üben, wenn Sie nicht schon Erfahrungen damit haben.

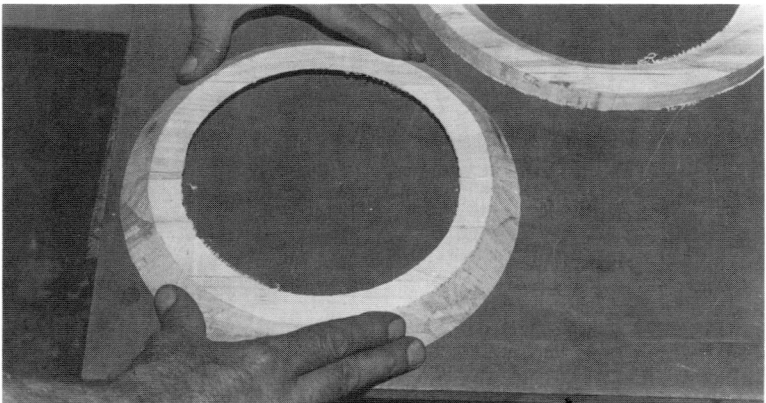

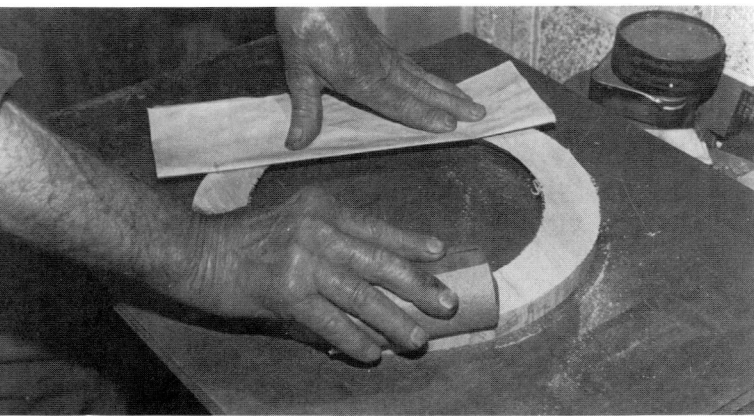

Abb. 264. Kleinere Bandsägen sind meiner Erfahrung nach nicht sehr präzise einstellbar, ja sind für Präzision wohl auch gar nicht gebaut. Den Winkel von 45° sollten Sie aber doch möglichst genau erreichen, wenn auch Abweichungen von zwei Grad nicht weiter tragisch sind. Mit einem Winkelmesser läßt sich die Neigung des Sägetisches ganz gut überprüfen.

Abb. 265. Jetzt können nacheinander die verschiedenen Ringe ausgesägt werden. Ein Sägeblatt mit deutlich geschränkten Zähnen ist für diese Arbeiten sehr gut geeignet, da es einigermaßen saubere Schnitte liefert und sich das Holz gut führen läßt. Lassen Sie sich Zeit, arbeiten Sie möglichst exakt und achten Sie auf Ihre Finger.

Abb. 266. Nach dem Aussägen werden die Ringhälften zusammengeleimt und eine Weile mit der Hand zusammengehalten, eine Arbeit, die eine vollkommen ebene Unterlage erfordert. Da diese Verbindungen für den Rohling von untergeordneter Bedeutung sind, reicht hier ein Kontaktkleber aus. Ich nehme allerdings doch lieber Weißleim und lege den Ring zum Trocknen zur Seite, während ich den nächsten aussäge. Im Bild ist oben rechts die rechtwinklige Kante des großen, oberen Ringes zu sehen.

Abb. 267. Einige Stunden muß der Weißleim dann trocknen, bevor der an den Stoßstellen ausgetretene Leim mit Schleifpapier vorsichtig entfernt wird. Verwenden Sie dazu 320er Schleifpapier oder noch feineres, während Sie den Ring mit einem sauberen Papier oder Lappen mit der anderen Hand festhalten. Ich habe bereits verschiedentlich darauf hingewiesen, zu verklebende Stellen möglichst nicht mit der bloßen Hand zu berühren. Manchem mag das übertrieben erscheinen, was folgender Versuch jedoch widerlegen wird: Nehmen Sie zwei Leisten von beispielsweise 2,5 x 5 cm Querschnitt und 30 cm Länge. Drücken Sie nun die leicht verschwitzte Hand auf die ersten 5 cm beider Klebeflächen und leimen Sie die Leisten dann wie üblich zusammen. Nach angemessener Trocknungszeit wird es aller Wahrscheinlichkeit kein Problem sein, die Leimverbindung auf den ersten 5 cm ohne Anstrengung auseinanderzubrechen. Die gleiche Wirkung erzielen Sie, wenn Sie das Holz auf der Werkbank oder mit Schraubzwingen einspannen und etwas stauchen.

Abb. 268. Hier sind die Ringe lose zusammengelegt und die Stöße der einzelnen Ringe gekennzeichnet. Wenn alle Ringe fertig sind, kann man sich überlegen, wie man die Stöße anordnet. Mit einem vom Rand bis zum Boden durchlaufenden Strich, hier rechts auf dem Rohling, wird dann für die endgültige Verleimung die Anordnung gekennzeichnet. Im Bild sehen Sie übrigens gut die Vorteile eines außen rechtwinklig gesägten äußeren Rings. Wäre auch er mit einer 45°-Kante gesägt, liefen die Schalenwandungen bis zur Oberkante in der gleichen Flucht weiter.

Abb. 269. Zum Zusammenleimen brauchen Sie dann lediglich einen Stahlwinkel, mit dem Sie den exakten Sitz der Ringe überprüfen können.

Abb. 270. Wieder ist für diese Arbeiten eine vollkommen ebene Unterlage erforderlich. Gleichmäßiger Leimauftrag hilft seitliches Wegrutschen der Ringe zu verhindern, wenn Sie zum Schluß den Rohling mit Gewichten beschweren. Dann brauchen Sie etwas Geduld, denn Sicherheit und Exaktheit des Rohlings verlangen absolut trockene und feste Leimverbindungen bei den anschließenden Arbeiten auf der Drechselbank.

Abb. 271. Das Drechseln ist dann nur noch eine Sache weniger Augenblicke, da nach dem Glätten der vorgegebenen Form eigentlich nichts zu tun übrigbleibt. Meiner Erfahrung nach ist es am einfachsten, an der Oberkante zu beginnen und die Schale von dort aus bis zum Boden gleich ganz fertigzustellen. Der Bodenbereich allerdings ist nicht ganz einfach zu glätten, da man dort wegen des scharfen Knicks zwischen Wand und Boden leicht zu viel Holz wegnimmt.

Abb. 272. Hier ist der Rohling auf einem Schraubfutter montiert; eine kleine Planscheibe tut es aber ebenso. Mit einem Hohlstahl läßt sich dann das Holz schnell glätten. Die Schalenwände sollten etwa 1 1/4 cm dick bleiben, je nach Holz eventuell etwas dünner. Trotz des optisch einigermaßen wild erscheinenden Aufbaus dieses Rohlings ist die Wandung mit etwa 2,5 cm recht dick; für die Stabilität entscheidend aber ist letztlich, wie exakt die Teile des Rohlings montiert wurden.

Abb. 273. Schalen dieser Art sehen wegen der großen Neigung der Wandungen recht wackelig aus, sind aber selbst dann sehr standfest, wenn man sie einseitig belädt; dennoch macht sich manchmal ein Sockel ganz gut. Er läßt sich leicht aus den vier Brettecken herstellen, die beim Zuschneiden der Ringe (Abbildung 257) abfallen. In der Stoßlade lassen sich die vier Eckteile so abrichten, daß sie sich exakt zusammensetzen lassen. Denken Sie aber auch daran, die Teile entsprechend zu kennzeichnen, wenn Sie ein bestimmtes Muster oder einen bestimmten Maserungsverlauf beibehalten wollen.

12. Drechseln exotischer Hölzer

Abb. 274. Von Zeit zu Zeit erwischt man mal ein wirklich edles Stück, wie man es für die eine oder andere Arbeit schon immer gesucht hat. Ich lege solch ein Stück meist erst einmal beiseite und hebe es für spätere Arbeiten auf. Insgeheim aber habe ich einfach Angst, das einmalige Stück möglicherweise zu beschädigen und ein unersetzliches Holz zu verlieren. Wie wird sich das ungewohnte Holz bearbeiten lassen, welche Eigenarten hat es, welche Werkzeuge muß ich nehmen, wird es sich nach dem Drechseln werfen, welche Oberflächenbehandlung ist die beste ...? Fragen über Fragen, die mich beunruhigen. So habe ich auch dieses Stück Rosenholz aus Neu-Guinea einige Male in die Hand genommen und nach gebührlicher Bewunderung wieder weggelegt, bis ich mich dann doch eines Tages entschloß, diesen Teller mit Nußknacker daraus zu drechseln. Wie das Foto belegt, lief alles nach Plan, wenn auch beim Drechseln das eine oder andere Problem Kummer machte. Den Messingmechanismus gab es in verschiedenen Größen im Bastlerladen. Das Holz war in einem dunklen Gold-Braun mit hellgoldenen Partien, hatte etwa 38 cm Durchmesser und war knapp 4 cm dick.

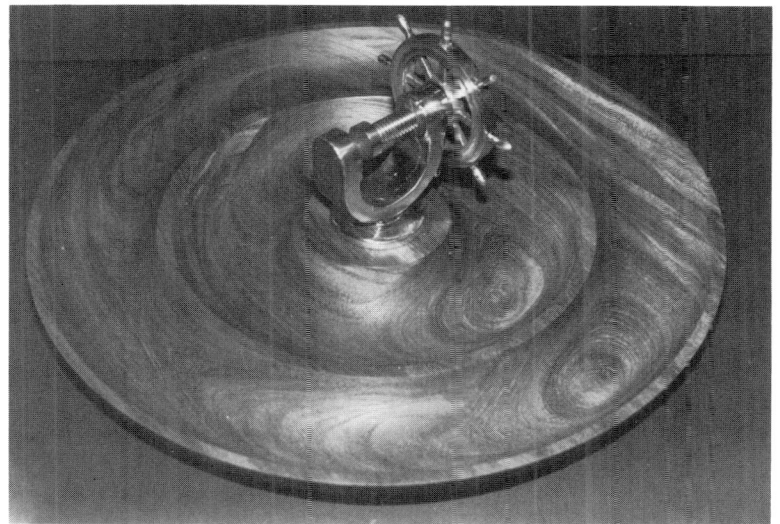

Abb. 275. Mit dem Hobel habe ich die sägerauhe Oberfläche geglättet und erhielt so auch gleich den ersten Eindruck von der Bearbeitbarkeit dieses Stückes. Nach der Bestimmung des Mittelpunktes konnte ich den Kreis ziehen und auf der Bandsäge beim Aussägen weitere Erfahrungen sammeln. Alles war problemlos und mein Selbstvertrauen wuchs.

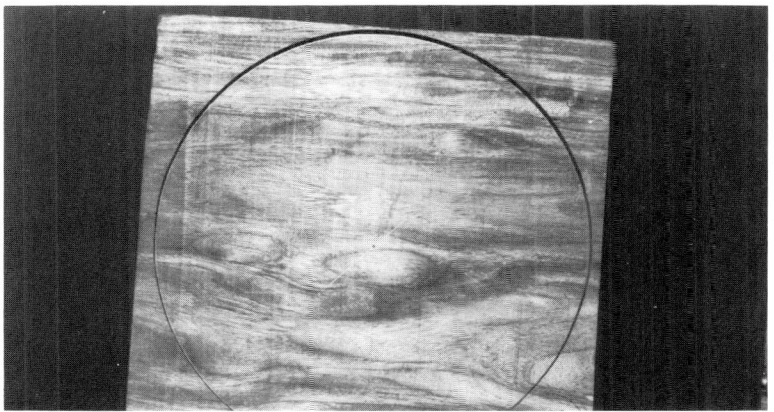

Abb. 276. Selbst die kleinste meiner Planscheiben hätte Schraublöcher hinterlassen, die ich nicht unter dem Nußknackermechanismus hätte verstecken können. Zum Glück hatte ich das rechtzeitig überprüft und außerdem inzwischen einen Begriff von der Festigkeit des Holzes, so daß ich mich für ein Schraubfutter entschied, auf dem ich zunächst die zukünftige Oberseite des Tellers montieren wollte. Das Schraubfutter saß damit genau an der Stelle, die später der Mechanismus verdecken würde.

Abb. 277. Nach den groben Vorarbeiten mit einem Hohlstahl habe ich der Unterseite mit einem frisch geschärften Schabstahl den letzten Schliff gegeben. Der Boden ist vollkommen eben, ein Sockel hätte diesen für Nüsse oder Früchte gedachten Teller eher instabil gemacht. Beide Stähle haben diese Fläche mit den abgerundeten Kanten gleich gut bearbeitet.

Abb. 278. Das Holz war leicht, aber auch stabil genug für ein Spannzangenfutter mit 5 cm Durchmesser. Den Falz für das Futter habe ich mit einem schrägen Drechslerstahl hergestellt und dabei gleichzeitig eine Aussparung für den Kopf des Bolzens hergestellt, mit dem der Mechanismus befestigt werden sollte. Speziell für Drechsler werden neuerdings Schleifscheiben angeboten, die aus einer Weichgummischeibe von 2,5 cm und mehr bestehen und für die es passende, selbstklebende Schleifpapier- und Filzscheiben gibt. Bei etwa 1500 U/min kann man mit diesen Schleifscheiben auf dem Werkstück ausgezeichnete Ergebnisse erzielen.

Abb. 279. Zum Antrieb der Scheibe sind größere Bohrmaschinen ab etwa 600 W Leistung geeignet, bei kleineren muß man den Motor öfter einmal ausschalten, um ihn nicht zu überlasten. Mit der auf etwa 3000 U/min eingestellten Bohrmaschine schleifen Sie nun am besten vom Zentrum nach außen oder in umgekehrter Richtung. In sehr kurzer Zeit erreichen Sie so eine sehr glatte Oberfläche, die von der drehenden Scheibe natürlich noch feinste kreisförmige Schleifspuren behält, die sich aber mit feiner werdendem Papier schließlich vollständig verlieren.

Abb. 280. Als Oberflächenschutz wollte ich für die Unterseite einen möglichst harten, für die Oberseite aber einen möglichst matten. So habe ich an einem der Abfallstücke erst einmal Danish Oil ausprobiert, das sich als sehr geeignet erwies und keine unerwünschten Effekte bescherte. Es ist übrigens immer angezeigt, die Mittel zur Oberflächenbehandlung an einem Abfallstück zu versuchen, auch wenn man sie von anderen Hölzern her schon kennt. Oft genug verhält sich ein Mittel nämlich auf verschiedenen Hölzern sehr unterschiedlich. Bei diesem Holz hatte das Öl die dunklen Partien noch dunkler werden lassen.

Abb. 281. Als ersten Schutz habe ich dann eine Grundierung aufgetragen, der nach vollständiger Fertigstellung des Werkstücks weitere Beschichtungen folgten. Das Werkstück wurde dazu noch einmal auf dem Futter montiert und zum Schluß auf der Unterseite poliert. Die Oberseite wollte ich matt lassen, da die Nüsse auf die Dauer die Fläche doch sehr verkratzt hätten.

Abb. 282. Hier ein Stück Bergahorn, mit dem ich vorher noch keine Erfahrungen hatte. Der Lieferant hatte es als ein einzigartiges Exemplar dieser Gattung bezeichnet. Es hatte die Farbe von blasser Creme und eine Maserung, die Sie hier gut erkennen können. Leider war es schon rund, so daß mir für Experimente kein Abfall zur Verfügung stand. So hatte ich die zukünftige Oberseite des Rohlings geglättet und an der Stelle, an der das Futter montiert werden sollte, einige Proben gemacht. Danish Oil entpuppte sich als völlig unakzeptabel; es verwandelte die Farbe in ein dunkles Braun, so daß die natürliche Schönheit des Holzes vollkommen verlorenging.

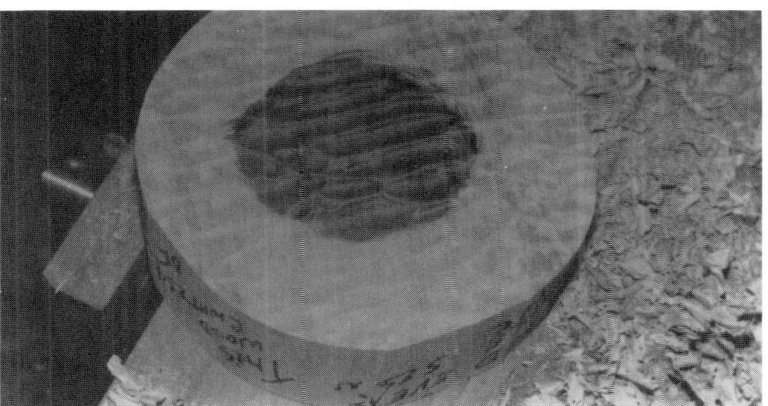

Abb. 283. Mit einer Versiegelung durch Klarlack blieb die ursprüngliche Farbe aber beinahe exakt erhalten, so daß ich die ganze Schale so behandelte. Hier ist lediglich der Bereich des Futters noch unbehandelt.

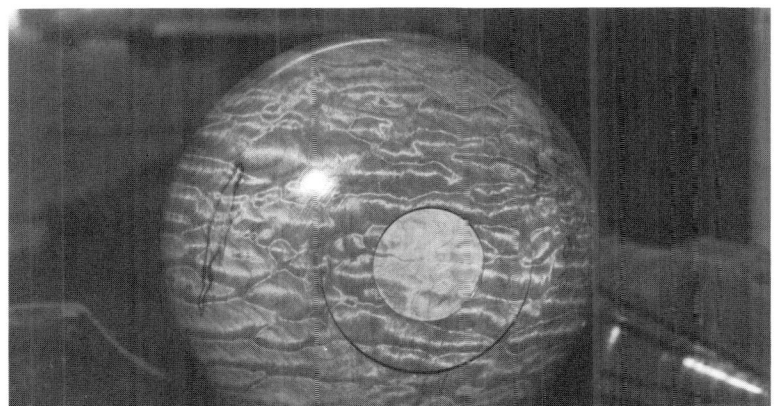

Abb. 284. Hier die fertige Schale. Wirklich jammerschade, daß ich das Holz als Scheibe bekam. Sicher hätte ich aus diesem ursprünglich etwa 23 x 8 cm großen Holz mehrere Dinge herstellen können. Die runde Scheibe aber zwang mir eine Schale auf. Denken Sie daran, wenn Sie ihren Holzvorrat zurechtschneiden.

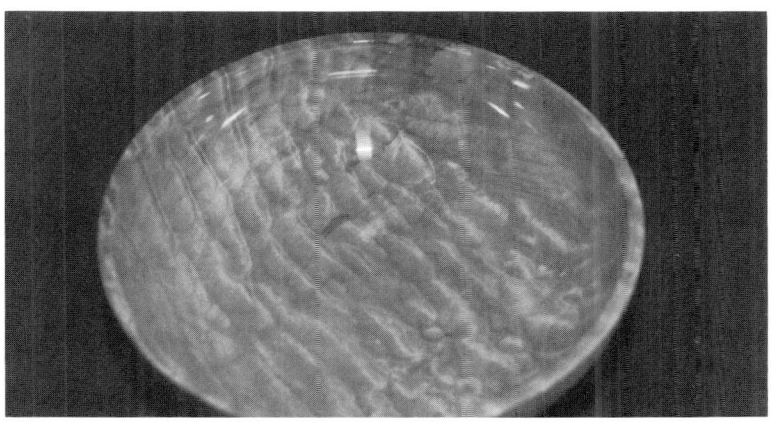

Abb. 285. Mit einem HSS-Hohlstahl lassen sich dann die beiden vertieften Bereiche des Tellers sehr schnell drechseln und glätten. Die äußere Vertiefung verlangt eine Drehzahl von etwa 1000 U/min, während für die innere eine etwas höhere von etwa 1500 U/min besser geeignet ist, da bei Werkstücken diesen Durchmessers die Umfangsgeschwindigkeit von erheblicher Bedeutung ist. In meinem Beispiel hier erwies sich die Bearbeitbarkeit beider Bereiche bei den genannten Geschwindigkeiten als absolut gleich.

Abb. 286. Für die Narbe des Nußknackermechanismus mußte dann noch eine kleine Aussparung hergestellt werden, die ich zusammen mit dem Loch für den Schaft des Bolzens mit Hilfe eines nur 3 mm breiten schrägen Drechslerstahls gedrechselt habe.

Abb. 287. Da nach meiner Erfahrung Messinggußteile selten ganz exakt sind, habe ich in der Mitte des Tellers einen Sockel hergestellt, der deutlich größer war als die Fußplatte des Messingteils.

Abb. 288. Für die Behandlung der Telleroberseite habe ich ein dunkles Teak-Öl gewählt, das nach zwei- oder dreimaliger Behandlung einen guten Schutz gewährleistet und bei späteren Nachbehandlungen keine Probleme macht. Auch dieses Öl habe ich zunächst an einem Abfallstück geprüft; es schien mir zwar anfangs etwas zu dunkel, trocknete dann aber viel heller auf.

Abb. 289. Hier noch einige andere Stücke, an die man meist leichter kommt. Links ein Stück Rüster, das in seiner Maserung einen sehr schönen Farbwechsel aufweist, daneben zweimal Roßkastanie. Das mittlere Stück erinnert etwas an einen Brotlaib, das rechte sah sehr ähnlich aus, bevor es bis auf dieses Kernstück reduziert wurde. Solche Stücke werden von den Holzarbeitern meist ausgesondert und zum Brennholz geworfen, so daß man leicht und vor allem billig an solch exquisite Stücke kommen kann. Auf die Roßkastanienstücke werde ich später noch einmal zurückkommen.

Abb. 290. Gerissene oder stark geworfene Hölzer werden ebenfalls oft zum Abfall geworfen. Meist beruhen die Fehler auf falscher Lagerung, sei es auf dem feuchten Waldboden oder auf dem Lagerplatz, wo die zwischen die Bohlen gelegten Leisten manchmal fehlen oder zu dünn sind. Die Ursache solcher Fehler ist völlige Durchnässung oder lang anhaltende Feuchte des Holzes. Nach Trocknung bleiben meist deutliche Schädigungen zurück. In jedem Fall handelt es sich um Abfall, an den man billig, manchmal gratis kommt. Man muß solche Stücke sorgfältig auf weiche Stellen prüfen, und selbst dann ist man vor unangenehmen Überraschungen nicht gänzlich sicher. Oft aber kann man auf diese Weise einen Holzvorrat erwerben, den man sonst kaum hätte bezahlen können.

Abb. 291. Hier der Scheit vom vorstehenden Foto, nachdem er zu einem Zylinder gedrechselt wurde und zwei Drittel des Holzes entfernt waren. Der Zylinder ist zur Hälfte mit Danish Oil behandelt, die Farbveränderungen sind deutlich zu sehen. Ich will Buche zwar nicht gerade zu den besonders aufregenden Holzarten zählen, aber ganz zweifellos handelt es sich doch bei diesem ehemals weichen Abfallstück um einen sehr gefälligen Rohling.

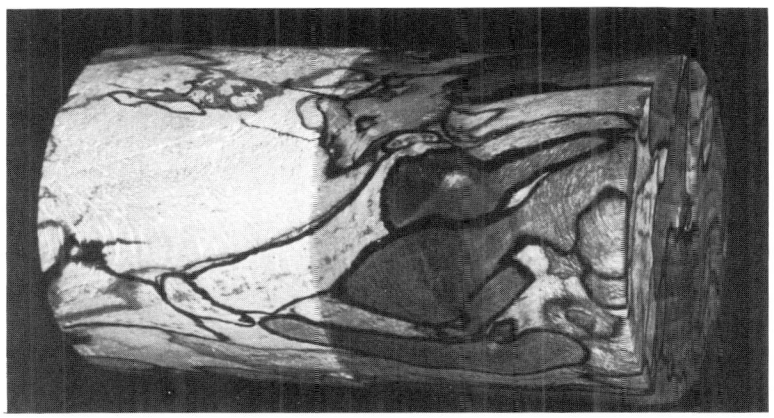

Abb. 292. Diejenigen, die immer nur erstklassiges Holz aus dem Sägewerk verwenden, werden vielleicht die Nase rümpfen, aber möglicherweise kann ich sie mit den folgenden Bildern umstimmen. Ich habe diesen Rohling auf einer Planscheibe montiert, die Werkzeugauflage eingerichtet und nach ein paar Probedrehungen von Hand die Maschine mit 1000 U/min in Gang gesetzt.

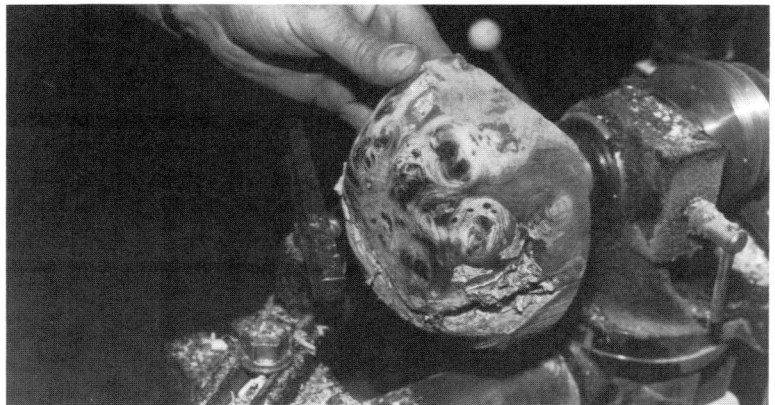

Abb. 293. Mit einem 1 cm breiten, sehr scharf abgezogenen Hohlstahl und mit ein paar leichten Ansätzen habe ich erst einmal nachgeschaut, was sich da unter der rauhen Schale verbirgt. Wird dabei der Rohling gleichzeitig etwas abgerundet, so kann man bald die Drechselbank auf eine höhere Geschwindigkeit schalten.

Abb. 294. Nun aber ist es an der Zeit, sich für eine geeignete Verwendung für den Rohling zu entscheiden; eine Schale vielleicht oder ein Leuchtenfuß oder ähnliches? Oft lege ich solche Stücke erst einmal beiseite, bis ich eine zündende Idee habe.

Abb. 295. Hier habe ich mich aber entschlossen, erst einmal die unperfekte Oberfläche wegzunehmen und dann einen Kerzenhalter herzustellen. Der Rohling hat bereits Form angenommen und unter der rauhen Schale fand sich ein guter Kern.

Abb. 296. Um diesen letzten Fehler am Rohling auszumerzen, hätte ich den Durchmesser noch um einiges reduzieren können. Da der Kerzenhalter dann aber sehr dünn geworden wäre, habe ich mich für eine Hohlkehle in diesem Bereich entschieden.

Abb. 297. Um die Standfestigkeit des Kerzenhalters nicht unnötig zu gefährden, habe ich nur soviel weggenommen, wie zur Entfernung der Hohlstelle unbedingt erforderlich war.

Abb. 298. Mit einem schmalen Hohlstahl von 6 mm Breite habe ich dann das Loch für die Kerze und die Nut für den Glaszylinder hergestellt. So ein Zylinder sollte kleine Löcher für die Luftzufuhr haben. Hat er sie nicht, kann man zwei oder drei Löcher durch das Holz bohren, durch das die Kerze genügend Luft erhält.

Abb. 299. Loch und Nut sollen gerade Wände haben, die ich hier mit der Spitze eines schrägen Drechslerstahls herstelle.

Abb. 300. Das Loch zur Montage des Handgriffs bohre ich mit Hilfe einer Bohrlehre, die ich bei solchen Gelegenheiten für unverzichtbar halte. Die Teilscheibe brauche ich hier eigentlich nicht; sie dient zum Arretieren des Werkstücks, wozu meine Drechselbank sonst keine Möglichkeit bietet.

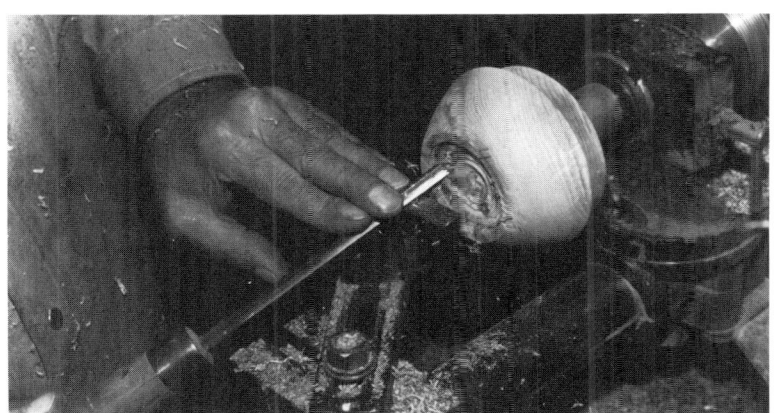

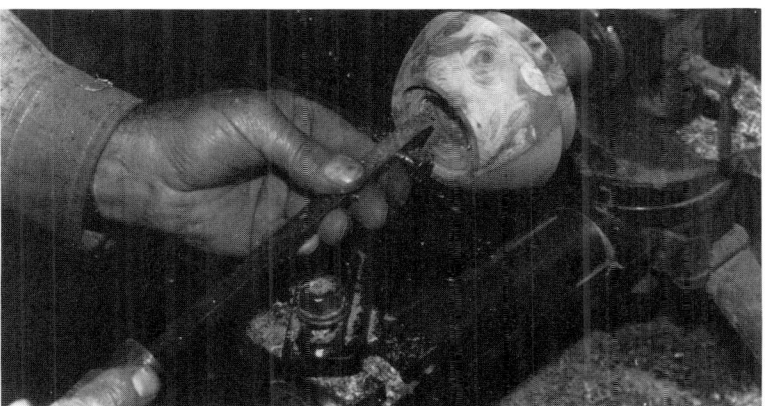

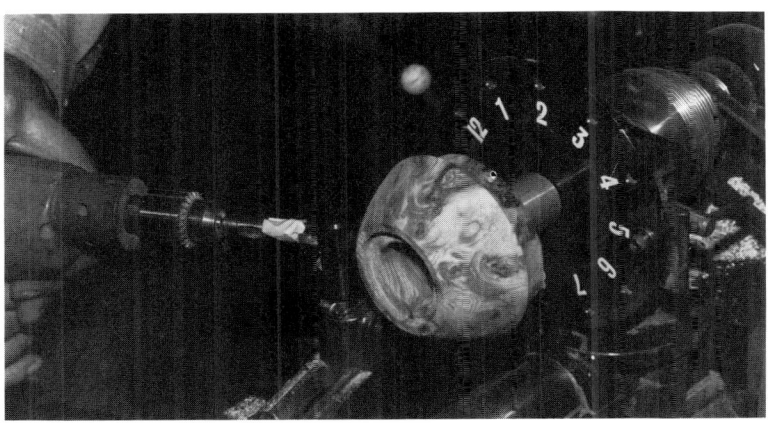

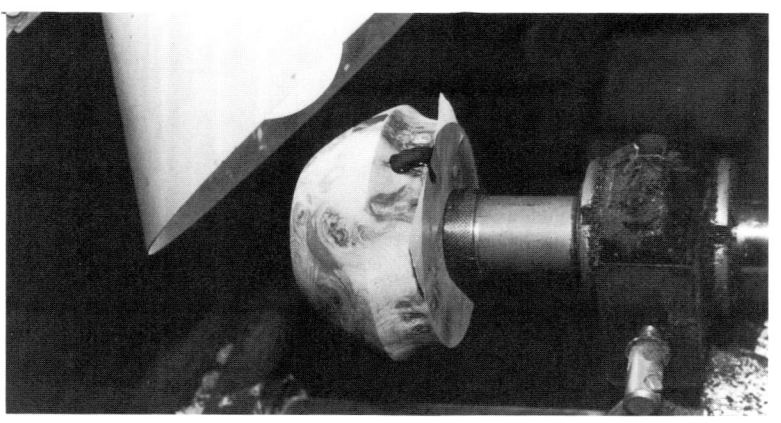

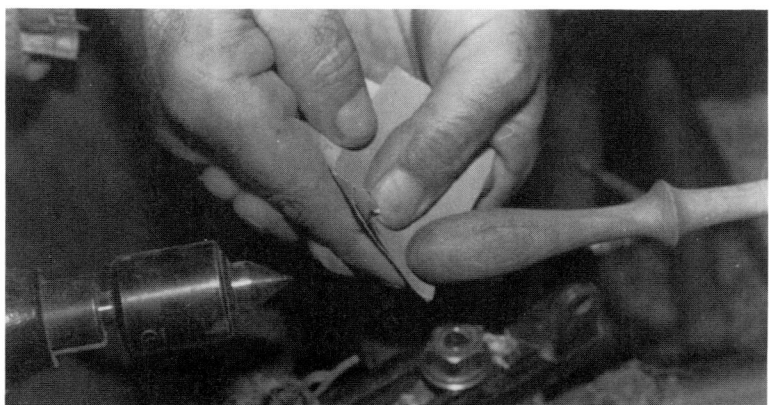

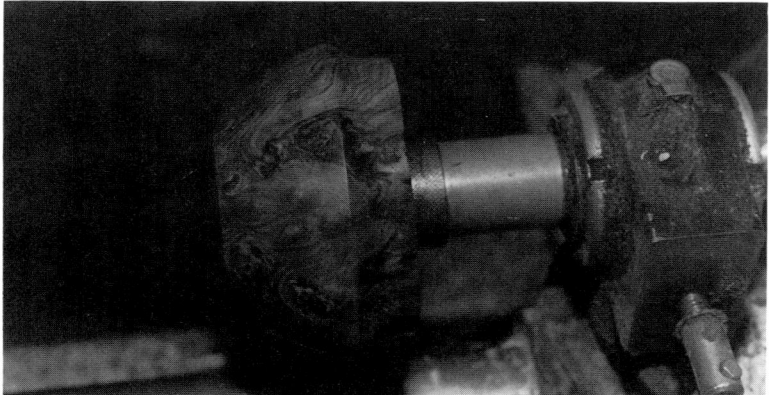

Abb. 301. Als Füllstoff für Risse und Hohlräume in den Werkstücken verwende ich fast ausschließlich Epoxyharz, dessen Verarbeitung ich bereits in Kapitel 5 beschrieben habe. Nach dem Auftragen bringe ich eine Lampe dicht über das Werkstück, damit das in der Wärme der Lampe dünner werdende Harz möglichst gut in alle Ritzen und Hohlräume verläuft. Man kann ruhig reichlich Harz verwenden, da es sich nach dem Abbinden gut mit einem scharfen Stahl bearbeiten läßt.

Abb. 302. Hier der Handgriff, geschliffen und mit einer Ballenmattierung versehen. Er wird zum Schluß mit feiner, in Möbelpolitur getränkter Stahlwolle mattiert und paßt dann genau zum Kerzenhalter.

Abb. 303. Nach zwei Behandlungen mit Teak-Öl ist der Kerzenhalter zum abschließenden Polieren und Mattieren dann ein letztes Mal auf der Drechselbank. Zum Schluß erhält er dann noch eine Korkscheibe am Boden, die ihn am Rutschen hindert. In Abbildung 298 sehen Sie übrigens einen großen, nur schwach gemaserten Bereich, der sehr im Widerspruch zu den übrigen Flächen steht. Solche Unterschiede stören manchen, obgleich sie eigentlich das Werkstück abwechslungsreich machen. Ich habe in diesem Bereich den Handgriff montiert.

Abb. 304. Der fertige Kerzenhalter aus Roßkastanie, einem gar nicht seltenen Holz. Der Be-
such eines Sägewerks mit ein paar Mark in der
Tasche und einem leeren Kofferraum kann
durchaus lohnend sein.

Abb. 305. Häufig wird Holz aber perfekt und
frei von Ästen angepriesen, ein Anpreisung, die
unnötigerweise viele brauchbare Stücke dis-
qualifiziert. Allenfalls in bezug auf die Arbeits-
sicherheit wären Einschränkungen angebacht,
aber auch dort muß man sie eigentlich erst ernst
nehmen, wenn das Holz im Astbereich brüchig
ist und zum Splittern neigt. Fällt ein Ast beim
Drechseln heraus, kann man ihn ohne weiteres
wieder einleimen. Im Bild sehen Sie eine Muskat-
nuß-Mühle aus einem Rohling, der zu 90% aus
einem Ast bestand. Hinter der Mühle der Rest
des Holzes, aus dem der Rohling geschnitten
wurde. Dieser Rest aber ist vergleichsweise geradezu erstklassig.

Abb. 306. Hier ein Thuja-Holz aus Nordafrika, wie man es wohl sehr selten findet, da es fast ausnahmslos zur Herstellung von Furnieren verwendet wird. Ein Freund brachte es von einer Reise mit und machte mir dieses Stück zum Geschenk. Es entpuppte sich als eines der besten Hölzer, die ich jemals verarbeitet habe. Sehr ölhaltig war es, weit mehr noch als Teakholz, mit einem beeindruckenden Duft, dazu völlig problemlos zu bearbeiten, obgleich die quer verlaufende Maserung im Bereich des Stiels einige Aufmerksamkeit erforderte. Während der ganzen Arbeiten war das Werkstück auf einem kleinen Spannzangenfutter montiert, hier ist es zum abschließenden Polieren durch den Reitstock unterstützt.

Abb. 307. Ein anderes Geschenk, diesmal ein Ahorn aus Amerika. Ich bin nicht mehr ganz sicher, in welcher Richtung ich den Rohling montiert hatte, mit längs- oder querverlaufender Maserung. Auch dieses Werkstück habe ich auf einer kleinen Spannzange hergestellt und schließlich mit einer Ballenmattierung behandelt.

Abb. 308. Hier ein Teller mit Nußknacker, dessen Zusammensetzung der des in den Abbildungen 309 bis 311 gezeigten Rohlings ähnelt. Das cremefarbige Splintholz des Ebenholzes steht in eindrucksvollem Gegensatz zum Schwarz am Fuße des Ambosses; die winzigen schwarzen Fleckchen erhöhen diesen Reiz noch. Der Rohling wurde so montiert und die Gestaltung so gewählt, daß am Tellerrand das helle Splintholz zum Vorschein kommt. Hammer wie Amboß haben Oberflächen aus dem Holz des Guajakbaumes (Lignum vitae), das nicht nur gut aussieht, sondern für diesen Zweck auch bestens geeignet ist. Der Griff ist aus Schwarzholz, er hat einen kleinen Splintholzbereich und liegt auf dem Amboß auf. Das ganze ist eine eindrucksvolle Mischung von Hölzern aus Indien (Ebenholz), Afrika (Schwarzholz) und dem karibischen Raum (Guajakholz).

Abb. 309. Dieses Holz stammt aus den USA und wird dort Mesquite genannt. Neben dieser rötlichen Art gibt es auch noch eine braune. Nach der Oberflächenbehandlung zeigte dieses verschlungen gemaserte Exemplar einige helle, fast durchscheinende Stellen. Schalen wie diese mit einem stark unterschnittenen Rand mag ich besonders gern. Halbrund geschliffene Schabstähle, einer mit Rundung nach rechts, der andere mit Rundung nach links, sind für die Arbeit an der Schaleninnen- und -außenseite sehr gut geeignet.

Abb. 310. Die Enden zweier etwa 7 1/2 cm dicker Bohlen, die ein Tischler schon zum Abfall geworfen hatte, habe ich so aufeinander geleimt, wie es in etwa dem natürlichen Wuchs des Holzes entsprach. Die vordere Bohle zeigt den Ansatz eines Astes und hatte mein Interesse geweckt. Auf der Bandsäge habe ich dann den gekennzeichneten Bereich ausgesägt.

Abb. 311. Dieser Becher aus Esche, einem meist nicht sehr aufregend gemaserten Holz, steht auf dem Rest des Stückes, aus dem ich den Rohling geschnitten habe. Auch dieses Beispiel soll zeigen, daß man mit geringem Aufwand und ohne große Mühen durchaus zu brauchbaren Rohlingen kommen kann.

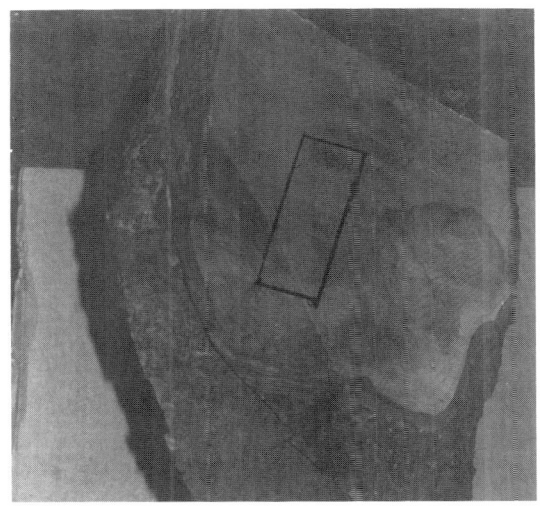

13. Längs- und Querdrechseln

Abb. 312. Der Kerzenleuchter im Bild ist einer Schiffsleuchte nachempfunden. Da Petroleumleuchten stets aufrecht stehen müssen, wurden sie auf den Schiffen kardanisch aufgehängt. Natürlich kann man auch dieses hölzerne Modell kardanisch aufhängen, aber da die Notwendigkeit dazu fehlt, habe ich die Haltestifte eingeleimt. Neben der Ausführung für Kerzen kann man leicht elektrische Versionen herstellen, wie eine in Abbildung 313 gezeigt ist. Die kardanische Aufhängung ermöglicht die Verwendung solcher Leuchten als Stand- wie als Wandmodell, was die Aufhängung natürlich auch für andere Dinge wie Schminkspiegel, Fotoständer, Standaschenbecher und ähnliches interessant macht. Auch an der Wand befestigte Blumentöpfe haben ihren Reiz. Diese Leuchten sind teils aus massiven, teils aus zusammengesetzten Rohlingen hergestellt, beide Arten sind jedoch gleichermaßen geeignet.

Abb. 313. Elektrische Wandleuchte der gleichen Art.

Abb. 314. Hier eine weitere Version, die jedoch nur einen Ring hat. Bei diesem Modell sind die Haltestifte nicht verleimt, so daß es in einer Richtung frei schwingen kann. Das schwere Unterteil hält die Leuchte stets senkrecht.

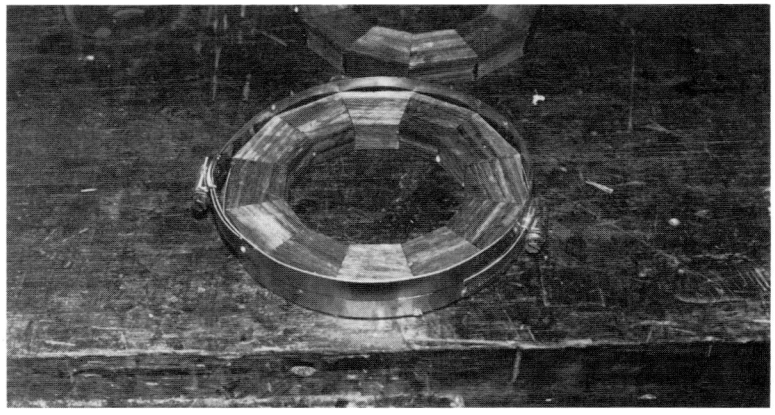

Abb. 315. Dieser einfache, aus Segmenten zusammengeleimte Ring, mit dem wir die Arbeiten beginnen wollen, hat relativ wenig Festigkeit, so daß er, wie in Kapitel 4 beschrieben, bearbeitet werden muß. Hier wird der Ring mit einer Schlauchschelle zusammengehalten, die zweite, bereits umgelegte Schlauchschelle soll einen zweiten Ring aufnehmen, der um eine halbe Segmentbreite versetzt aufgeleimt werden soll und für etwas größere Festigkeit sorgt.

Abb. 316. Die beiden Ringe sind hier mit Schraubzwingen eingespannt. Natürlich können Sie auch mehr als zwei Ringe zu einem dickeren Rohling zusammensetzen.

Abb. 317. Der Halbring wird auf die gleiche Weise hergestellt, hier aus drei Ringen und mit einer Zentrierscheibe in der Mitte. Dieses Werkstück dient dann für alle anderen Teile der Leuchte als Grundmaß. Die Maße zum Zuschneiden und Bohren des Halbringes kann man auf die Länge der einzelnen Segmente beziehen, da diese ja sehr exakt übereinstimmen. Insgesamt sind drei Bohrungen erforderlich, eine zur Befestigung des Hohlringes auf der Fußplatte, die anderen beiden zum Aufhängen des inneren Ringes.

Abb. 318. Wichtig ist, daß die Bohrungen für die Aufhängung exakt in einer Achse liegen, die Bohrung für die Befestigung genau senkrecht dazu ist und alle drei Bohrungen genau in der Ebene des Ringes liegen. Mit Hilfe eines Bohrständers, aber auch auf der Drechselbank lassen sich diese Löcher sehr exakt bohren. Am besten tut man dies vor dem Drechseln, da ausgefaserte Stellen und ähnliche Ungenauigkeiten beim Drechseln entfernt werden.

Abb. 319. Anschließend kann der äußere Durchmesser mit der Bandsäge grob zugeschnitten werden, so daß man den Ring auf der "Boulter" montieren und die Innenflächen bearbeiten kann. Hier überprüfe ich, ob die Innenkante senkrecht ist; man kann sie aber auch anders formen, sofern ein etwa 6 mm breiter senkrechter Bereich erhalten bleibt, den man für die späteren Montagen braucht.

Abb. 320. Die Zentrierscheibe wird anschließend mit einer Kopfschraube auf einem Schraubfutter montiert und dem Innendurchmesser des Ringes bzw. dem 6 mm breiten senkrechten Bereich genau angepaßt. Da das Werkstück drei Bohrungen hat, kann man es mit Hilfe selbstgedrehter Holzdübel zusätzlich befestigen, was sich besonders bei großen und schweren Werkstücken empfiehlt, die dann wie massive Stücke behandelt werden können, eine Möglichkeit, die zur Abbildung 325 näher beschrieben ist. Mit solch einer doppelten Befestigung sind auch schwierige Formen herstellbar, ohne daß die Gefahr besteht, beim Drechseln mit dem Stahl auf irgendwelche metallischen Befestigungsmittel zu stoßen.

Abb. 321. Durch Umdrehen des Werkstücks sind beide Seiten gleich gut zu bearbeiten, ein Vorteil der Befestigung mit einer Kopfschraube, der besonders bei massiven Werkstücken mit problematischem Hirnholz eine Rolle spielen kann.

Abb. 322. Während die Innenflächen noch auf der "Boulter" geschliffen werden müssen, lassen sich jetzt beide Oberflächen leicht schleifen.

Abb. 323. Auch beim Aufschneiden der Hufeisenform erübrigt sich genaues Maßnehmen, da die Kanten der Segmente exakte Maße liefern. Lediglich der Innendurchmesser des Ringes muß ausgemessen werden.

Abb. 324. Die sägerauhen Flächen können an der Schleifscheibe geglättet werden. Falls Ihre Drechselbank ein solches Zubehör nicht hat, können Sie es sich leicht selbst herstellen. Montieren Sie eine Sperrholzscheibe auf einer Planscheibe und drehen Sie diese auf den Durchmesser handelsüblichen Schleifpapiers ab. Die Papierscheiben können dann mit einem speziellen Kleber auf der Holzscheibe befestigt werden, Kontaktkleber ist weniger geeignet. Ein kleiner Arbeitstisch zur Befestigung an der Werkzeugauflage ist ebenfalls leicht gebaut.

Abb. 325. Hier der Rohling für den inneren Ring, der nun, wie gezeigt, fertiggestellt werden kann. Die Holzdübel für die Befestigung sind wie üblich zwischen den Spitzen gedreht. Wenn Sie übrigens die Löcher für diese Dübel bohren, denken Sie daran, daß nur zwei der vier Löcher das Werkstück ganz durchbohren müssen; die beiden für den hufeisenförmigen Ring brauchen nicht durchzugehen.

Abb. 326. Ist der Rohling für den Kerzenhalter exakt markiert, können bereits die Löcher für die Befestigungsdübel gebohrt werden.

Abb. 327. Wie mit Hilfe der Drechselbank Löcher gebohrt werden können, habe ich an anderer Stelle schon gezeigt. Wenn dies aus irgendwelchen Gründen nicht möglich ist, kann man natürlich auch eine Tischbohrmaschine benutzen oder — bei entsprechender Vorsicht — die Löcher auch von Hand bohren. Wichtig ist dabei lediglich, daß beide Löcher exakt in der gleichen Ebene liegen und der Rohling dann entsprechend zwischen den Spitzen montiert wird.

Abb. 328. Viele Glaszylinder werden bereits mit Luftlöchern am Fuß geliefert. Sind solche Zylinder nicht zu bekommen, kann man entsprechende Löcher in den Kerzenhalter bohren. Am besten bohrt man vier Löcher so in den Falzbereich, daß die Luft unter der Unterkante des Zylinders hindurch ins Zylinderinnere strömen kann. Als Durchmesser empfehlen sich etwa 3 mm mehr als die Falzbreite, die Bohrtiefe sollte etwa 5 mm größer als die Falztiefe sein. So sieht man die Löcher kaum und Kerze bzw. Glühbirne erhalten dennoch genügend Luft. Der Zylinder muß übrigens etwas Spiel haben, da er sich in der Hitze ausdehnt.

Abb. 329. Anschließend wird das Loch für den Kerzenfuß bzw. für das Gewinderohr zur Montage der Glühbirnenfassung gebohrt.

Abb. 330. Das Werkstück wird umgedreht montiert, entweder auf einem Aufspannzapfen oder auf einem Schraubfutter mit einer entsprechend langen Schraube, die in der Mitte des Bohrloches für die Kerze bzw. das Gewinderohr angreift.

Abb. 331. Soll das Werkstück diese rundliche Form behalten, so muß an der Unterseite ein Gegengewicht angebracht werden, das die Leuchte aufrecht hält. Am besten ist dafür eine mit Blei ausgefüllte Bohrung geeignet, da das Blei bei relativ geringem Volumen doch ein großes Gewicht hat.

Abb. 332. Als Fuß für die Kerze habe ich hier ein weiteres Teil auf einem Schraubfutter vorbereitet. Mit einem ähnlichen, allerdings größeren Teil könnte man auch die Fassung der elektrischen Version kaschieren. Läßt man dieses Teil außen zylindrisch, so kann man es leicht als "Kerze" zurechtmachen, indem man mit Sägemehl vermischten Leim von der Oberkante herunterlaufen läßt und das Ganze später weiß oder gelblich streicht.

Abb. 333. Hier dann noch ein Zierknopf, der an der Unterseite der Leuchte das Loch mit dem Blei schließt oder das Blei natürlich auch selbst enthalten kann.

Abb. 334. Die Holzdübel sind einfache Arbeiten zwischen den Spitzen; die kleine Fase am Dübelende, die das Einführen erleichtert, stellt man am besten vor dem Abstechen des Dübels her.

14. Salz- und Pfeffermühlen

Gemessen an den vielen Mühlen, die heute in den Elektroabteilungen der Geschäfte angeboten werden, wäre dieses Kapitel wohl überflüssig. Gehe ich jedoch von der Zahl derjenigen aus, die mich nach Mühlen fragen, so ergibt sich ein gänzlich anderes Bild. Die meisten Mühlen, von denen hier die Rede sein soll, sind wohl in erster Linie Dekorationsobjekt für die Küche, auch wenn manche von ihnen hin und wieder einmal benutzt wird. Hier einige Beispiele, von denen das linke sicher das spektakulärste ist. Da diese Mühle auch sehr leicht auf einem gedrechselten Fuß zu befestigen ist, wollen wir mit ihr beginnen. Das Bearbeiten von Holzscheiten zählt zu meinen Vorlieben. Es heißt, daß die Bearbeitung von Rohlingen mit Kernholz immer zum Desaster gerät. Wir werden aber sehen, daß bei der Mühle in der Mitte auch solche Probleme gemeistert werden können.

Abb. 335. Von links nach rechts haben wir zunächst eine Mühle aus Cocobolo-Holz mit einem matt-schwarzen Mechanismus, dann eine Mühle aus englischer Eiche mit verchromtem Mechanismus und schließlich eine aus indischem Rosenholz mit einem Kragen aus indischem Ebenholz und Mechanismus aus Messing. Bei allen drei Mühlen habe ich den mitgelieferten Handgriff gegen einen aus dem gleichen Holz ausgewechselt. Alle drei sind eigentlich reine Dekorationsstücke, obgleich die Mechanismen durchaus funktionstüchtig sind.

Abb. 336. Die äußeren von einem Baum gesägten Bohlen nennt man auch Schwarten. Ich verwende sie sehr gern, und zum Beispiel bei Schalen sind sie wegen der häufig interessanten Maserung für mich geradezu unverzichtbar. Die sägerauhe Fläche ist eben, so daß man leicht ihren Mittelpunkt finden und problemlos ein Futter — hier ein kleines Schraubfutter mit einer etwa 3 cm langen Schraube — montieren kann.

Abb. 337. Da es schwierig ist, auf der Baumkante einen Kreis anzureißen, montiere ich den Rohling auf der Drechselbank, drehe ihn dort per Hand und markiere den Kreis mit Hilfe eines spitzen Werkzeugs, das ich auf die Werkzeugauflage lege.

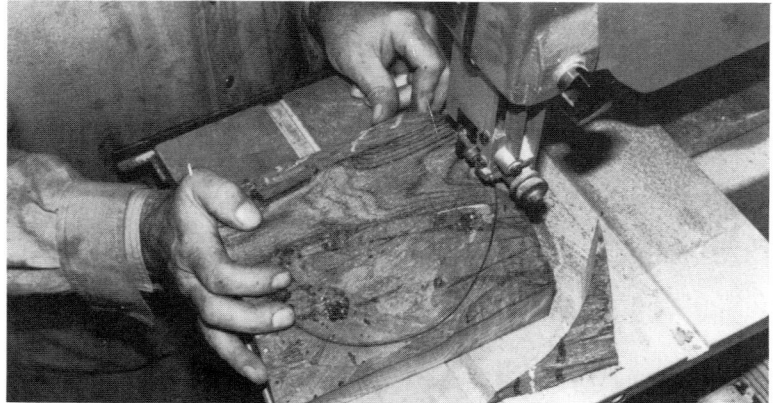

Abb. 338. Nach Demontage des Schraubfutters kann man dann den Rohling mit der Bandsäge zuschneiden und ihn anschließend wieder auf der Drechselbank montieren.

Abb. 339. Achten Sie bei solch unregelmäßigen Rohlingen darauf, daß alle Teile gut befestigt sind und die Maschine nicht schneller als mit etwa 500 U/min dreht. Voraussetzung für die Bearbeitung großer unregelmäßiger Rohlinge ist eine fest verankerte Drechselbank, da die durch die Unwucht auftretenden Vibrationen sonst gefährlich werden können.

Abb. 340. Der Hohlstahl, mit dem ich den Rohling forme, dient dann auch zum Drechseln der Fläche, auf der später der Mühlenmechanismus befestigt werden soll.

Abb. 341. Ist das Werkstück soweit fertig und die Oberfläche zur Zufriedenheit geglättet, kann ein Falz für das Mehrfachfutter hergestellt werden. In diesem Fall ist die bei Schalen übliche Sorgfalt nicht nötig, da ich den Falz anders als an einem Schalenboden hier später ganz entfernen will.

Abb. 342. Das Aushöhlen der Rückseite ist dann vom Schalendrechseln gewohnte Routine. Damit die Mühle mit dem schweren Mechanismus nicht kopflastig wird, bleiben die Wandungen recht dick. Achten Sie bei Ihren Arbeiten auf solche Kleinigkeiten, wenn Sie neben einem ansprechenden Äußeren auch die praktische Funktion der Mühle sicherstellen wollen.

Abb. 343. Hier folgt noch ein Falz zur Aufnahme einer Bodenplatte. Dieser Falz wird geringfügig tiefer als die Bodenplatte dick ist, so daß zum Beispiel bei einem Mißgeschick später noch kleine Korrekturen an der Unterkante möglich sind. Als Werkzeug verwende ich hier einen schmalen schrägen Drechslerstahl.

Abb. 344. Die Bodenplatte ist hier bereits eingeleimt. Ich hatte die Platte aus einer beschichteten Sperrholzplatte gedreht. Sie sieht zwar sauber aus, die Schraublöcher von der Montage auf einer kleinen Planscheibe konnte ich dann aber nicht mehr verdecken.

Abb. 345. Das Werkstück ist fertig poliert und der Mechanismus montiert. Man sieht gut das Loch, das den gemahlenen Kaffee aufnehmen soll. Einer meiner Freunde hat übrigens einen sehr ähnlichen Leuchtenfuß aus Ebenholz gedrechselt. Das Loch hat er mit Bleistücken gefüllt, die der Leuchte die nötige Standfestigkeit geben. Doch zurück zu unserer Mühle; der Vollständigkeit halber will ich noch zeigen, wie der Kragen mit dem Spundloch entstanden ist, auf dem hier der Mechanismus befestigt ist.

Abb. 346. Auf dem Schraubfutter wird ein Rohling aus dem gleichen oder auch kontrastierenden Holz montiert und bis fast auf die endgültige Form gebracht. Mit dem schmalen schrägen Drechslerstahl wird dann das Loch bis etwa zur halben Dicke des Werkstücks hergestellt. Gegebenenfalls muß in der Lochmitte noch etwas mehr Holz stehenbleiben, wenn für die Montage auf dem Schraubfutter eine längere Schraube verwendet wurde.

Abb. 347. Während der Arbeit müssen alle relevanten Maße mit dem Stechzirkel oder der Schublehre ständig überprüft werden.

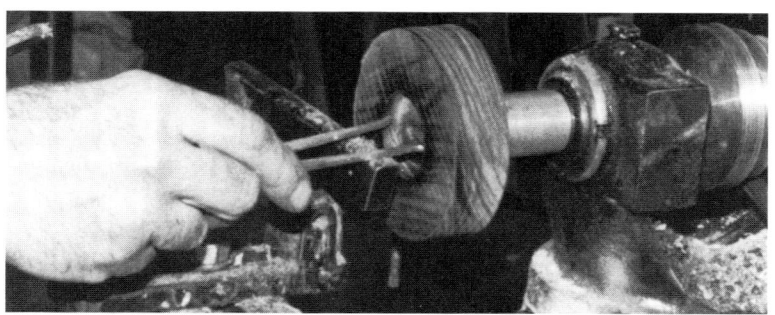

Abb. 348. Für den Falz, der in das Unterteil passen soll, ist einige Genauigkeit erforderlich; er soll nicht wackeln, aber auch nicht klemmen. Meiner Erfahrung nach arbeitet das Holz des Unterteils meist etwas, das ganze verformt sich geringfügig zur Ellipse. Wird der Kragen auf die gleiche Weise hergestellt, so reicht später eine leichte Drehung, um den klemmenden Kragen zu lockern. Hier wird der Falz mit einem 1 cm breiten Abstechstahl hergestellt.

Abb. 349. Ist der Kragen soweit fertig, kann er geschliffen und poliert werden. Zwischen Werkstück und Futter ist hier eine Holzfaserplatte zu sehen, die den Stahl vor einem unfreiwilligen Kontakt mit dem Futter schützen soll, wenn er hier etwa 8 mm tief einsticht.

Abb. 350. Jetzt kann die Höhlung in der Werkstückmitte soweit eingestochen werden, bis der Stahl auf den zum vorigen Bild beschriebenen Einstich trifft und das Werkstück damit abgestochen ist. Die Werkzeugauflage wurde dazu vor Kopf des Werkstücks montiert und ein etwa 6 mm breiter, schräger Drechslerstahl verwendet. Das Werkstück hat nach dem Abstechen eine einigermaßen annehmbare Oberfläche im Inneren und kann dort problemlos mit der Hand geschliffen und poliert werden. Man kann es aber ebensogut, wie in Kapitel 5 beschrieben, noch einmal auf der Drechselbank montieren und dort fertigstellen. Hat man sauber gearbeitet, wird beides nicht nötig sein, da man die Innenflächen ja später auch gar nicht mehr sieht. Nun kann auch der Mechanismus auf dem Kragen montiert werden, entweder mit Bolzen, Schrauben oder einem Epoxykleber.

Abb. 351. Den Handgriff der Mühle stelle ich aus einem Reststück her, manchmal aus dem gleichen, sonst aus einem kontrastierenden Holz. Beim Demontieren des ursprünglichen Griffes ist Vorsicht geboten, da manche der aus Gußeisen, Aluminium oder Plastik hergestellten Kurbelachsen rauhe Behandlung übel nehmen.

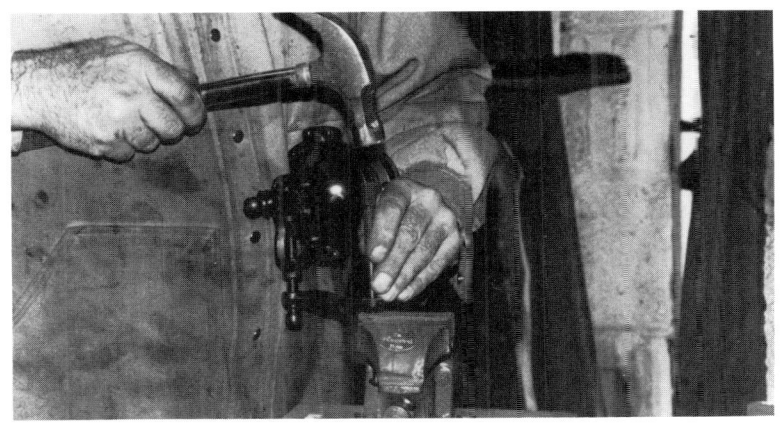

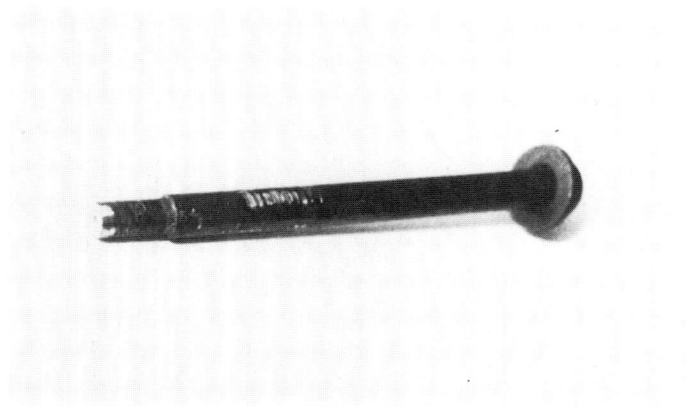

Abb. 352. Da die Kurbelachsen unterschiedlich sind, will ich hier keine Standardmethode empfehlen. Die meisten lassen sich leicht auseinandernehmen und in umgekehrter Folge ebenso leicht wieder zusammenbauen. Der von der Achse genommene Griff kann beim Drechseln des neuen als Vorlage dienen.

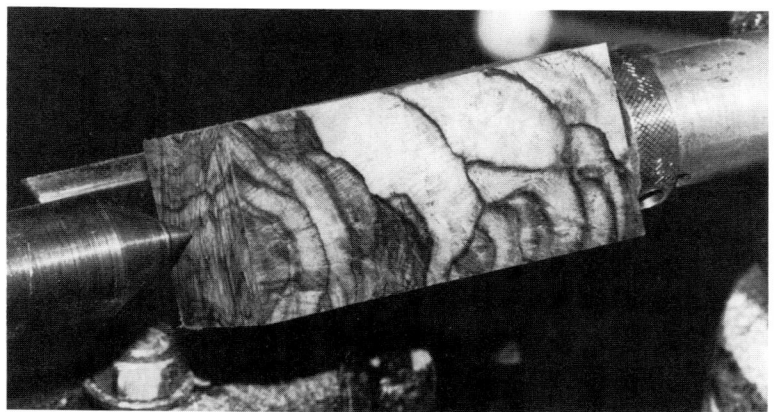

Abb. 353. Cocobolo-Holz, aus dem Unterteil und Kragen sind, gehört zu den sehr ausdrucksvollen Hölzern. Dieser Rohling für den Handgriff allerdings ist eine Rarität von ganz besonderer Schönheit. Ich habe schon viel Cocobolo verarbeitet, aber nie ein solches Stück wie dieses in Händen gehabt. Ich habe es hier auf einem kleinen Schraubfutter montiert und eine mitlaufende Spitze zur Unterstützung herangeschoben.

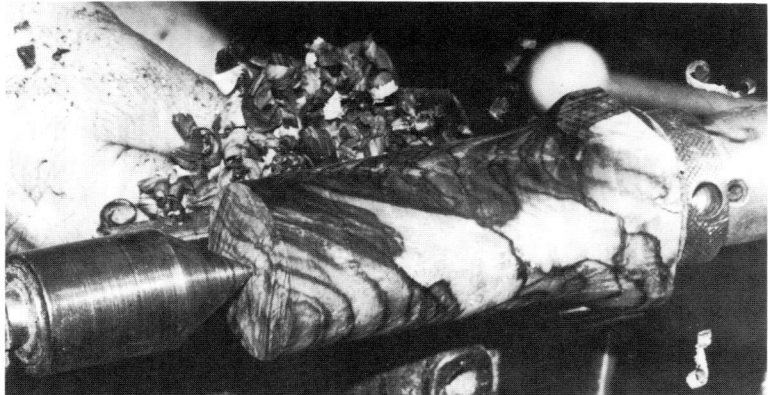

Abb. 354. Die kreuz und quer verlaufende Maserung verlangt sehr scharfe Werkzeuge, die ständig neu abgezogen werden müssen. Der letzte Arbeitsgang mit einem stumpf gewordenen Stahl kann leicht die ganze Pracht verderben.

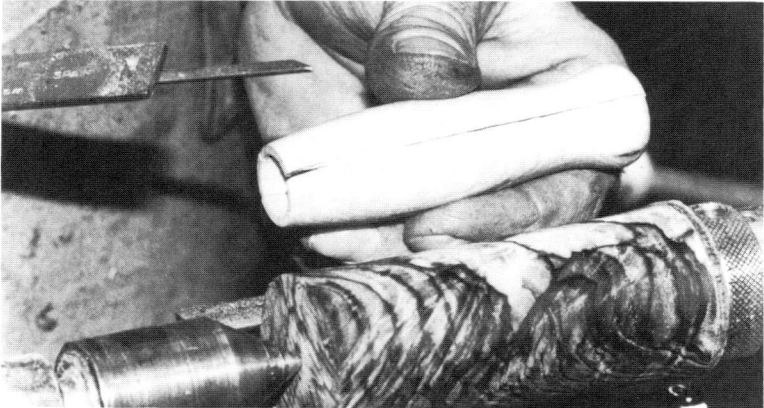

Abb. 355. Die Abmessungen können vom Original abgenommen werden, wobei der Tiefenmesser der Schublehre eine unersetzliche Hilfe ist.

Abb. 356. Hier wird die Bohrtiefe auf dem Schaft eines passenden Holzbohrers angerissen. Ein weißes Klebeband mit einem Bleistiftstrich darauf ist ausreichend genau.

Abb. 357. Um freies Drehen des Griffes auf der Achse zu ermöglichen, mußte hier ein Loch von 8 mm Durchmesser gebohrt werden. Für die Unterlagscheibe war dazu eine weitere Bohrung mit 12 mm Durchmesser notwendig. Um unnötiges Spiel des Griffes in Längsrichtung zu verhindern, muß außerdem die Bohrtiefe exakt begrenzt werden. Beim Bohren muß man zudem noch darauf achten, daß man nicht auf die Schraube des Schraubfutters trifft. Reicht die Tiefe dadurch nicht aus, kann man die Bohrung nach der Demontage des Werkstücks später vertiefen.

Abb. 358. Sind die Maße erst einmal festgelegt, kann das Äußere des Griffes bearbeitet werden, wozu das Werkstück wieder mit der Reitstockspitze unterstützt wird. Ist der Griff fertig geschliffen und poliert, wird er vom Futter genommen und gegebenenfalls die 8 mm-Bohrung von Hand vertieft.

Abb. 359. Nun wird der Griff auf der Achse montiert und eventuelle Beschädigungen der Achse bei der Demontage mit schwarzer, matter Farbe ausgebessert. Ein Knopf, der die große Bohrung für die Scheibe schließt, kann nun außerdem noch hergestellt werden.

Abb. 360. Vielleicht hängt es mit meiner Faulheit zusammen, daß ich so gern mit ganzen Astabschnitten arbeite. Sie sind ja glücklicherweise rund, was den Sägewerken sicherlich nicht ganz so angenehm ist wie mir. Dieses Stück hatte ich in Wachs versiegelt gelagert und als das Gewicht sich stabilisiert hatte, mit in die Werkstatt genommen.

Abb. 361. Bei solch gleichmäßig gewachsenen Stücken ist das Zentrum leicht zu bestimmen. Nachdem der Rohling zu einem Zylinder gedrechselt worden war, habe ich ihn auf einem Schraubfutter montiert. Um in dem Hirnholz eine sichere Befestigung zu erreichen, habe ich in der Mitte des Futters eine 5 cm lange und seitlich noch je eine 4 cm lange Holzschraube verwendet.

Abb. 362. Hier ist das Werkstück schon zum Teil ausgehöhlt und außerdem ein kleiner Falz zur Aufnahme des Unterteils gearbeitet. Da die Befestigung im Hirnholz nicht sonderlich fest ist, muß man bei solchen Arbeiten einigermaßen vorsichtig vorgehen.

Abb. 363. Auf einem Spannzangenfutter oder, wie hier, auf einem Schraubfutter kann man dann das Unterteil herstellen, das auf die Öffnung gesetzt und dort verleimt wird.

Abb. 364. Ist das Unterteil eingesetzt, kann man das Werkstück umgedreht montieren und die Aushöhlung vom anderen Ende her vervollständigen. Bei dieser Art der Montage sitzt das Werkstück sicherer, so daß man etwas weniger vorsichtig zu sein braucht. Auch der Deckel kann nun fertiggestellt werden, wozu sich das in den Abbildungen 88 bis 90 gezeigte Verfahren anbietet.

Abb. 365. Das Oberteil ist eingesetzt, der Mechanismus kann nun eingeleimt werden. Am besten schiebt man dazu den Reitstock heran und verwendet die Drechselbank als Schraubzwinge, solange der Kleber aushärtet; gegebenenfalls muß vorher die Kurbel demontiert werden. Während des Aushärtens, das bei verschiedenen Produkten unterschiedlich lange dauert, erreicht der Kleber noch nicht seine volle Klebkraft. Man geht sicher, wenn man ihm über Nacht Zeit zum Aushärten (auch Abbinden oder Trocknen) gibt.

Abb. 366. Die Verarbeitung ganzer Astabschnitte hat viele Vorteile. Diese Leuchten beispielsweise haben einen Durchmesser von etwa 15 cm und eine Höhe von 38 cm; für beide würde man in einem Sägewerk kaum einen geeigneten Rohling finden. Die linke Leuchte ist aus Eibenholz, die rechte aus Zypresse. Während das Eibenholz nach der beschriebenen Methode gut gelagert wurde, blieb das Zypressenholz unbehandelt und mußte beim Drechseln an etlichen Stellen geklebt und gespachtelt werden. Beide Hölzer zeigten erwartungsgemäß mehrere eingewachsene Äste, die das Bild der Maserung sehr wirkungsvoll ergänzten, beim Drechseln allerdings nicht ganz unproblematisch waren. Beide Arbeiten aber profitierten von dem natürlichen Charme gewachsenen Holzes, das dann vom Drechsler relativ geringfügig beeinflußt wurde.

15. Rohlinge aus tangential zusammengesetzten Teilen

Abb. 367. Zu den beliebtesten Drechselarbeiten zählen Dosen mit Deckeln und auch Schalen, die es aus massiven oder zusammengesetzten Rohlingen in sehr schönen Variationen gibt. In Anbetracht des kostbaren Rohstoffes habe ich ein Verfahren zum Zusammensetzen des Rohlings entwickelt, nach dem beliebig große Werkstücke dieser Art möglich sind, ohne dabei auf maschinelle Werkzeuge angewiesen zu sein — von der Drechselbank natürlich abgesehen. Voraussetzung ist dabei, daß alle Ringe, aus denen der Rohling zusammengesetzt wird, aus Hölzern gleicher Dicke hergestellt werden und auch alle gleich breit sind. Die Segmente, aus denen die Ringe bestehen, müssen ebenfalls die gleiche Länge haben. Mit Furnieren zwischen den einzelnen Ringen oder eingelassenen Bändern an den Verbindungsstellen (siehe dazu die Abbildungen 429 bis 433) lassen sich zahllose Variationen und Kombinationen solcher Arbeiten herstellen. Wie ich später noch zeigen werde, ist dieses Verfahren aber auch für andere Arbeiten sehr brauchbar.

Abb. 368. Die Segmente für den geplanten Rohling müssen einen möglichst genauen Winkel von 45° haben. Ich verwende hier eine handelsübliche Gehrungslade, eine selbstgebaute täte es aber auch.

Abb. 369. Da alle Segmente exakt gleich lang sein müssen, hoble ich sie in einer Stoßlade an beiden Enden.

Abb. 370. Die Teile werden zu zweit dann so zusammengeleimt, daß die Hirnholzfläche des einen Teils an die Längsseite des anderen stößt. Bei Verwendung von Weißleim reicht es, wenn die Teile einige Augenblicke von Hand gegeneinandergedrückt werden. Lassen Sie die Teile dann aber noch gut zehn Minuten liegen, bevor Sie sie vorsichtig zur Seite schieben. Eine absolut ebene Arbeitsfläche ist natürlich Voraussetzung.

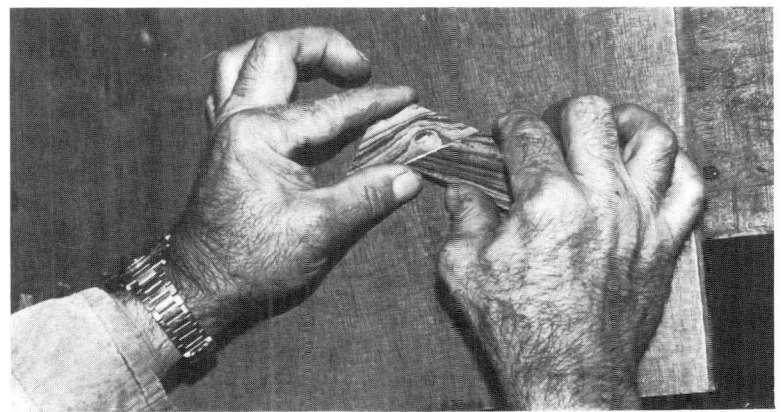

Abb. 371. Das Geheimnis dieses Verfahrens liegt in der gleichmäßigen Breite und der zu den Oberflächen rechtwinkligen Schnittkanten der Segmente; vor allem aber ist es wichtig, daß die gemeinsame Kante der beiden zusammengeleimten Teile exakt fluchtet. Jede noch so kleine Abweichung in diesem Punkt gestaltet das Zusammensetzen des Ringes zu einem Problem.

Abb. 372. In einem warmen Raum bindet der Leim schnell ab. Sollten Sie die Teile auf die Heizung legen wollen, so ist allerdings eine wärmedämmende Unterlage erforderlich, da Hitze eher schädlich ist.

Abb. 373. Die Paare werden anschließend zu Vierlingen zusammengeleimt und bilden dann bereits einen halben Ring. Das Verleimen geschieht genau wie vorher, eine Belastung für die vorherigen Klebestellen tritt dabei nicht auf. Erst wenn Sie die Vierlinge dann zum Ring zusammenleimen wollen, ist eine Belastung der Klebestellen nicht ausgeschlossen, so daß ich sie dann erst über Nacht trocknen lasse.

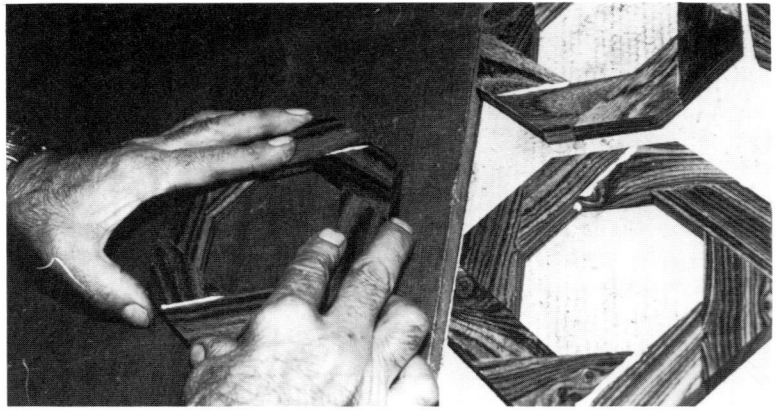

Abb. 374. Die zusammengesetzten Ringe schließlich sollen ebenfalls über Nacht liegenbleiben.

Abb. 375. Anderntags dann können die Leimreste mit einem kleinen Hobel entfernt werden. Achten Sie darauf, daß die Oberflächen dabei nicht mit Wachs oder ähnlichem verschmutzt werden.

Abb. 376. Leimt man solch einen Ring so in den Rohling, daß er sich später auf der Drechselbank gegen den Uhrzeiger dreht, so schneidet der Stahl mit der Maserung, dreht er jedoch im Uhrzeigersinn, so schneidet der Stahl gegen die Maserung. Sofern Sie stets mit scharfen Stählen arbeiten, spielt dieser Gesichtspunkt beim Zusammensetzen des Rohlings keine Rolle; sollen die Ringe aber alle im gleichen Sinne zusammengesetzt werden, so sollte man sie der Sicherheit halber so montieren, daß der Stahl mit der Maserung schneidet.

Abb. 377. Hier fünf Ringe, die nun mit Hilfe einer flexiblen Zwinge aufeinandergeleimt werden sollen. Die Stöße der einzelnen Segmente sind hier gleichmäßig versetzt; ist man erst etwas geübt mit dieser Technik, kann man die Stöße aber auch anders anordnen, zum Beispiel in einer spiraligen Folge. Solche Muster sind aber etwas heikel, da man die Drehung der Ringe gegeneinander genau ausmessen muß, da das Werkstück bei einem unregelmäßigen Muster leicht unruhig wirkt.

Abb. 378. Liegt der erste Ring in der flexiblen Zwinge, wird auf die Oberfläche Leim aufgetragen und gleichmäßig verteilt.

Abb. 379. Mit je einer Sperrholzscheibe oben und unten lassen sich die Ringe mit Schraubzwingen zusammendrücken bis der Leim abgebunden hat. Schon nach wenigen Stunden könnte man den Rohling montieren und mit dem Drechseln des Falzes für die Bodenplatte beginnen, da bei dieser Arbeit nur geringe Kräfte auf den Rohling einwirken. In Anbetracht der Mühen, die bis hierher schon in den Rohling investiert wurden, sollte man ihm aber wohl doch mindestens eine Nacht zum Trocknen gönnen.

Abb. 380. Ist der Rohling dann schließlich auf der "Boulter", können der Falz gedrechselt und das Innere geglättet werden. Bei diesen Arbeiten vor Kopf des Werkstückes ist besondere Vorsicht geboten, da die Greifklauen dem unachtsamen Drechsler sehr schmerzhaft auf die Finger schlagen können.

Abb. 381. Hier wird mit dem Hohlstahl eine Bodenplatte gedrechselt.

Abb. 382. Soll die Kante nicht abgerundet werden, nimmt man besser einen breiten Drechslerstahl, der ebenfalls eine glatte Oberfläche liefert. Man kann mit diesem Stahl quer über die ganze Breite des Werkstücks fahren und mit geringem Druck und sehr feinem Span das gewünschte Maß exakt erreichen.

Abb. 383. Zum exakten Einpassen der Bodenplatte empfiehlt es sich, zunächst nur etwa die ersten anderthalb Millimeter der Platte auf das ermittelte Maß abzudrehen. Klemmt die Platte dann im Rohling oder sitzt sie zu locker, kann man den restlichen Teil der Kante entsprechend größer oder kleiner machen.

Abb. 384. Manche Hölzer lassen sich sehr gut mit dem Schabstahl bearbeiten. Mit wenig Druck kann man dann sehr glatte Oberflächen erzielen, so daß die Platte ohne weitere Nacharbeiten in den Rohling geleimt werden kann.

Abb. 385. Verteilen Sie den Leim stets gleichmäßig über die gesamte Fläche und am besten auch über die Kante der Bodenplatte.

Abb. 386. Ein paar Gewichte sind in der Werkstatt stets hilfreich. Wenn Sie alle erreichbaren Bleireste sammeln, können Sie sich leicht solch ein Gewicht selbst herstellen, da Blei eine sehr niedrige Schmelztemperatur hat.

Abb. 387. Die Außenfläche des Rohlings läßt sich mit einem Schruppstahl schnell glätten, ein kleinerer Hohlstahl täte es aber auch. Die Richtung der Maserung des untersten Ringes sieht hier im Bild etwas respekteinflößend aus. Das Drechseln mit der Maserung bringt aber keine Probleme.

Abb. 388. Die Bodenplatte hat die Möglichkeit geschaffen, das Werkstück nun wie ein massives weiterzubearbeiten. Das einzig offene Problem ist jetzt eigentlich nur noch die angemessene Gestaltung des Werkstücks.

Abb. 389. Für das anfängliche Schruppen des Rohlings ist der Schruppstahl das richtige Werkzeug, die eigentliche Formgebung dagegen mache ich besonders bei solch relativ kleinen Werkstücken am liebsten mit einem Hohlstahl. Die gezeigten Beispiele sind sich im Grunde sehr ähnlich, der Hohlstahl schafft diese Kurven mit Leichtigkeit.

Abb. 390. Für den Deckel wird ein passender Rohling auf einem Schraubfutter montiert. Da zuerst die Innenseite des Deckels bearbeitet werden soll, habe ich eine kurze Schraube genommen, so daß der abgerundete Schabstahl, den ich für diese Arbeiten nehme, auch bei einem dünnen Deckel nicht auf die Schraube treffen kann.

Abb. 391. Der Deckel wird der Öffnung der Dose möglichst genau angepaßt, das erforderliche Spiel läßt sich leicht später noch erreichen. Die äußere Form des Deckels kann man der Dose nahtlos anpassen, wobei der Deckel mit der Reitstockspitze unterstüzt werden kann. Solange der Deckel aber exakt angepaßt ist, kann man diese Unterstützung jederzeit wegnehmen, wenn sie beim Arbeiten stört.

Abb. 392. Anschließend kann die Dose samt Deckel geschliffen werden und gegebenenfalls im Deckel noch ein Loch für einen Knopf gebohrt werden, dessen Herstellung in Kapitel 17 näher beschrieben wird.

Abb. 393. Danach können das Doseninnere und der Falz für den Deckel geschliffen werden. Es empfiehlt sich nicht, den Deckelfalz mit einem Stahl nachzuarbeiten, da bereits ein Span von knapp einem halben Millimeter ausreichend Spiel für den Deckel schafft. Mit dem Stahl wird der Span aber eher anderthalb Millimeter dick, so daß der Deckel dann insgesamt etwa 3 mm Spiel hätte und wackeln würde.

Abb. 394. Normalerweise ist im Inneren des Deckels noch das Schraubloch vom Futter zu sehen, oft auch der Dübel des Knopfes. Auch dieses Loch läßt sich mit einem kleinen Knöpfchen schließen, das dem Deckelinneren den letzten Pfiff gibt.

Abb. 395. Aus einem kleinen Reststück wie diesem kann man gleich mehrere Knöpfchen in Serie herstellen. Auf einem Schraubfutter zum Beispiel wird der Rohling zum Zylinder gedreht und der Kopf des Knöpfchens mit einem schrägen Drechslerstahl oder, wie hier, mit einem Abstechstahl seitlich eingestochen.

Abb. 396. Anschließend wird dann der Holzdübel des Knöpfchens auf den gewünschten Durchmesser gedrechselt.

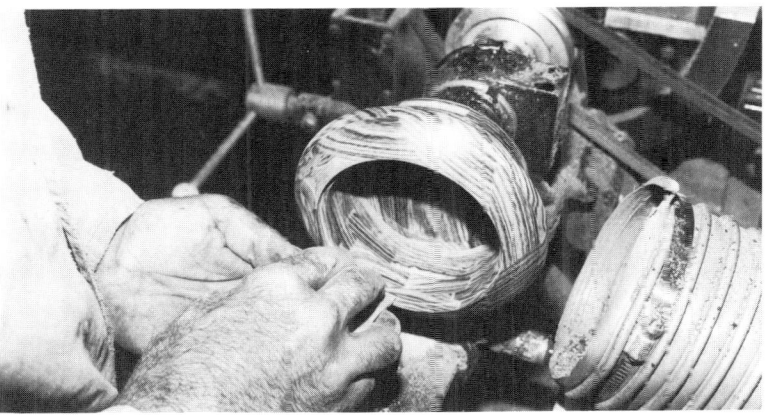

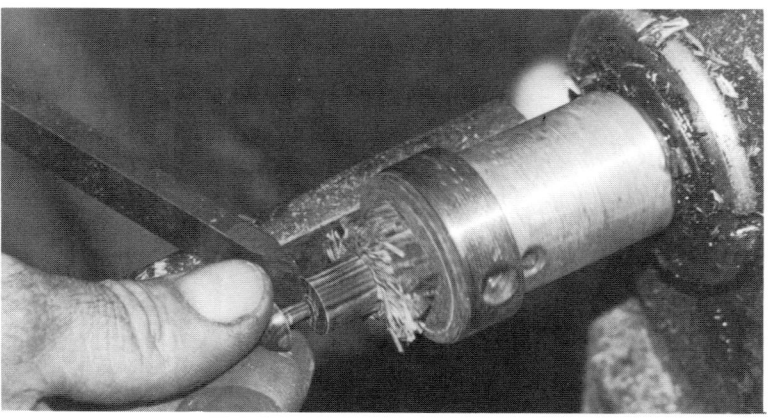

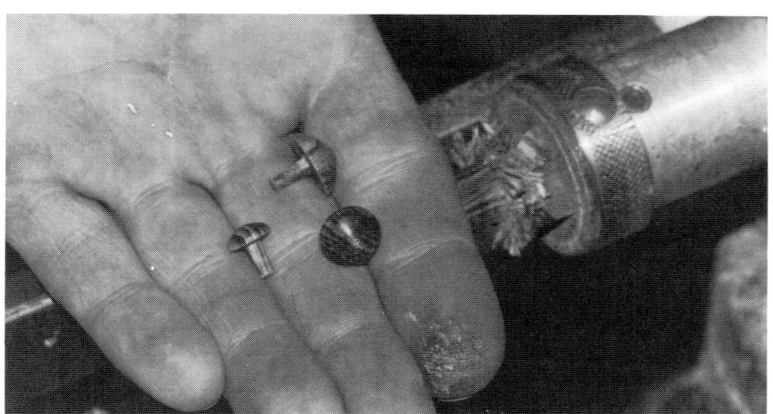

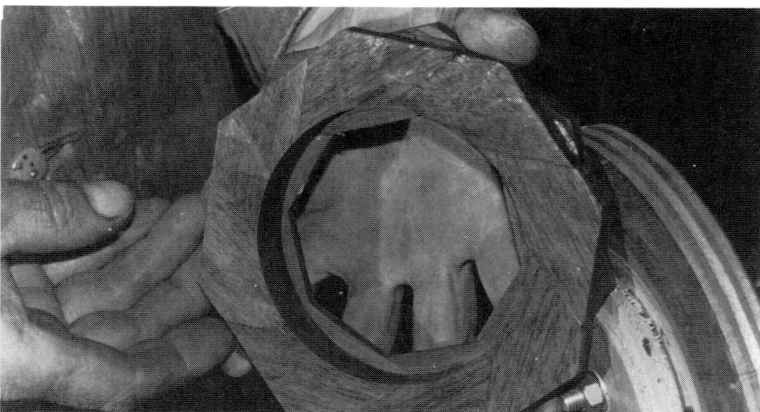

Abb. 397. Bevor das Knöpfchen abgestochen wird, kann es vollständig geschliffen und poliert werden. Anschließend kann dann gleich das nächste Knöpfchen hergestellt werden.

Abb. 398. Wenn man bei der Montage des Rohlings eine kurze Schraube verwendet hat, fällt nur sehr wenig Abfall an. Überzählige Knöpfchen kann man eigentlich immer gebrauchen, da viele Werkstücke Schraublöcher haben, die man gut damit kaschieren kann.

Abb. 399. Bei zusammengesetzten Rohlingen bilden die Stöße der Segmente stets interessante Gestaltungsmöglichkeiten. Es ist empfehlenswert, von Zeit zu Zeit die Arbeit zu unterbrechen, das Werkstück genau zu betrachten und sich die weitere Gestaltung noch einmal gründlich zu überlegen, bevor ein weiterer Arbeitsgang eventuell mögliche Effekte zunichte macht. Ein Beispiel für einen überraschenden Effekt sieht man hier: Die vertikalen Stöße der Segmente erscheinen an der vertikalen Innenwand im rechten Winkel zum Boden der Dose, an der gewölbten Außenseite jedoch scheinen sie leicht schräg zu sein. Beim obersten Ring sind sie jedoch auch außen vertikal. Es macht Spaß, staunenden Besuchern den Grund für solcherlei Effekte zu erklären.

Abb. 400. Das beschriebene Verfahren eignet sich für alle möglichen Hölzer, für speziell dazu ausgewählte ebenso wie für zufällig zusammengekommene Reststücke. Die Knöpfchen ziegen, daß es in einer Drechslerwerkstatt Abfälle eigentlich gar nicht gibt. So gut wie alles, was an Holzresten in einer Werkstatt anfällt, läßt sich für Rohlinge der beschriebenen Art verwenden. Wenn ich erst einmal dabei bin, die Segmente in der Gehrungs- oder in der Stoßlade vorzubereiten, ist kein Reststück in meiner Reichweite sicher. Übertöpfe für Blumen, Uhr- und Barometergehäuse, Bilderrahmen und viele andere Dinge mehr kann man aus überzähligen Segmenten herstellen. Im Bild sehen Sie solch einen Rohling, der aus überzähligen Teilen zusammengesetzt wurde und gerade einen Falz für den Boden erhalten hat.

Abb. 401. Jahrzehnte braucht ein Baum bis er einigermaßen groß werden konnte; in wenigen Minuten ist er gefällt und in der Fabrik binnen kurzem verarbeitet. Auch aus diesem Grund — und nicht nur aus Sparsamkeit — versuche ich alle Reste dieses natürlichen Rohstoffes weiter zu verwerten. Selbst die Zentrierscheibe auf dem Futter läßt sich viele Male gebrauchen.

Abb. 402. Hier ein übriggebliebener Ring, aus dem in kurzer Zeit ein schöner Bilderrahmen wird: Auf der Planscheibe erhält eine Sperrholzplatte den passenden Durchmesser für einen Falz von etwa 1 cm Tiefe, der später Glas, Bild und Rückseitenkarton aufnehmen soll.

Abb. 403. Da die Rückseite solcher Rahmen normalerweise nicht sichtbar ist, bringe ich als Aufhängung zwei Laschen auf der Rückseite an.

Abb. 404. Vorderseite und Kanten des Rahmens können anschließend fertiggestellt werden.

Abb. 405. Zum Bearbeiten der Innenkante wird die Werkzeugauflage vor Kopf des Werkstücks montiert. Die Sperrholzplatte verhindert, daß der Stahl beim Drechseln auf das Futter trifft.

Abb. 406. Hier glätte ich die leicht konkave Vorderseite mit einem breiten Schabstahl mit gerundeter Schneide.

Abb. 407. Daß solche Schabstähle in diesem Buch nur selten vorkommen, ist völlig unbeabsichtigt, da es viele Anwendungsbereiche für solch ein Werkzeug gibt, das in der Ausrüstung keines Drechslers fehlen sollte. Wenn Sie es so ansetzen, wie ich es hier zeige — mit dem langen Griff leicht unter den Arm geklemmt — und wenn Sie es stets scharf halten, dann ist es ein sicheres und unproblematisches Werkzeug.

Abb. 408. Nach dem Schleifen kann der Rahmen mit Spänen poliert werden. Die Späne von Schabstählen sind dazu übrigens besonders geeignet, da sie relativ fein und ohne harte Stellen sind, die die Oberfläche verkratzen könnten. Ich habe stets einen ganzen Sack davon im Vorrat. Für die abschließende Oberflächenbehandlung kann der Rahmen vom Futter genommen werden, zum Polieren oder Mattieren aber ebensogut montiert bleiben.

Abb. 409. Aber noch einmal zurück zu den Reststücken und den Schabstählen. Hier habe ich ein Stück Senegal-Rosenholz (Dalbergia frutescens), das sehr schwer zu bekommen und ziemlich teuer ist. Ich hatte mehrere gleichgroße Reststücke, die breiter als lang waren. Um sie optimal zu nutzen, habe ich sie nicht wie in Abbildung 94 gezeigt zugeschnitten, sondern so, daß der Rohling schließlich aus Segmenten mit radial verlaufender Maserung zusammengesetzt war.

Abb. 410. Ein solcher Rohling aber bedeutet, daß man ständig im Hirnholz arbeiten muß, was man den Schabstählen häufig als Schwachpunkt nachsagt. Hier war es aber nicht so. Der Stahl hinterließ eine einwandfreie Oberfläche, was man im Bild gut an dem ablaufenden Span erkennen kann.

Abb. 411. Mit der Vorderseite verhielt es sich allerdings etwas anders. Hier versagte der Schabstahl, so daß ich diese Fläche dann mit einem Hohlstahl fertiggestellt habe. Ich erwähne dies, um zu zeigen, daß man bei der Wahl des Werkzeuges nicht zu dogmatisch vorgehen sollte; anderes Holz, eine andere Verarbeitung, ja selbst ein anderer Drechsler schaffen geänderte Voraussetzungen. Versuchen Sie es deshalb erst einmal mit dem theoretisch richtigen Stahl, wechseln Sie dann aber sofort, wenn nicht alles zur Zufriedenheit läuft. Beim nächsten Rohling aber kann wieder alles anders sein. So eben ist Holz: jedes Stück eine neue Herausforderung.

16. Drechseln mit Bohrmaschine und Zubehör

Eine ganze Reihe von Herstellern bietet als Zubehör für elektrische Bohrmaschinen Drechseleinrichtungen an, und es ist anzunehmen, daß es sehr viel mehr solcher Zusatzmaschinen gibt als wirkliche Drechselbänke. Wenn es auch für solche Einrichtungen nur eine geringe Auswahl an Futtern gibt, so sind die Möglichkeiten damit doch kaum eingeschränkt, sofern man sich das gewünschte Futter selbst herstellt. Die hier vorgestellten Pfeffermühlen sind durchaus nicht die einzigen Produkte, die sich auf solchem Zubehör für Bohrmaschinen herstellen lassen. Ich habe hier ein extrem leichtes Vorsatzgerät eines bekannten Zubehörherstellers verwendet, bei dem ich lediglich die Werkzeugauflage gegen meine eigene vertauscht habe. Vorsatzgeräte dieser Art lassen sich mit Zwingen auf dem Arbeitstisch festklemmen, sind dann aber bei normalgroßen Drechslern unterhalb der Ellenbogenhöhe. Ich habe mir deshalb eine Unterlage gebaut, die ich auf der Hobelbank montieren kann und die neben der erforderlichen Höhe auch die Festigkeit liefert, die eine Drechseleinrichtung nun einmal braucht.

Pfeffermühlen verlangen vom Drechsler etwas Geschick, auch Geduld und Verständnis für mechanische Dinge. Sie sehen daneben aber nicht nur interessant aus, sondern sind nützlich und immer ein brauchbares Geschenk. Mit den verschiedenen Variationen solcher Mühlen könnte man sicher ein ganzes Buch füllen, ja selbst die Zahl der angebotenen Mechanismen ist erstaunlich. Sehr gut sind zum Beispiel Mühlenmechanismen aus Edelstahl für Salzmühlen, mit denen man schöne Mühlenpaare herstellen kann. Ich will einige hier vorstellen, von denen ich annehme, daß sie Ihnen gefallen und Sie zu weiteren Variationen anregen werden.

Abb. 412. Links zwei Mühlen aus Palisander mit Mittelteil aus Glas, daneben zwei Exemplare aus zwei verschiedenen Hölzern von den Andamanen, bei denen die Ober- und Unterteile aus massiven, die Mittelteile aus zusammengesetzten Rohlingen hergestellt wurden, und der Schraubknopf im Oberteil tief eingesetzt ist. Die Mühlen sind dadurch sehr gut zu handhaben und sehen außerdem gut aus. Die rechten beiden schließlich haben Unterteile aus Weißbuche mit eingelassener Dekoration und über dem üblichen Glasteil zusammengesetzte Oberteile aus Buche. Auch bei diesen beiden Mühlen sind die Schraubknöpfe eingesenkt.

Abb. 413. Links eine Mühle mit einem zweckentfremdeten Glasmittelteil, dessen Bemalung ich nicht entfernt habe. Mit einem Zieheisen lassen sich solche Aufdrucke allerdings leicht abkratzen. In der Mitte eine sehr beliebte Pfeffermühle, die ich hier allerdings nicht näher behandeln will, da sie im wesentlichen nach dem in Kapitel 12 für den Kerzenständer beschriebenen Verfahren hergestellt werden kann. Der einzige Unterschied liegt eigentlich in der Höhlung, die hier für den gemahlenen Pfeffer hergestellt werden muß. Diese Mühle ist aus englischem Walnußholz (Juglans), die beiden rechten aus indischem Ebenholz mit zusammengesetztem Mittelteil aus Sykomore.

Abb. 414. Hier habe ich ein Futter hergestellt, für das ich auf eine Planscheibe ein dickes Stück Hartholz aufgeschraubt habe. Die Schraubköpfe sind eingesenkt und mit Epoxyharz festgeklebt. Da die Planscheibe hin und wieder für andere Zwecke abgenommen werden soll, habe ich das Holz exakt auf den gleichen Durchmesser wie die Planscheibe gebracht, damit jederzeit eine zentrische Montage möglich ist. Die Schrauben sind auf der Rückseite des Futters mit Unterlegscheiben und Muttern gesichert. Solche Futter sind sehr sicher und langlebig und in mehreren Größen für viele Zwecke brauchbar.

Abb. 415. Die Ausnehmung in der Mitte habe ich mit einem schrägen Drechslerstahl hergestellt. Bei 3000 U/min wird die Spitze mit nur geringem Druck aufgesetzt, da die Drehzahl sonst vermindert wird und der Stahl möglicherweise Schaden nimmt. Wichtig ist außerdem, daß die Schneide korrekt geschliffen und ständig scharf gehalten wird.

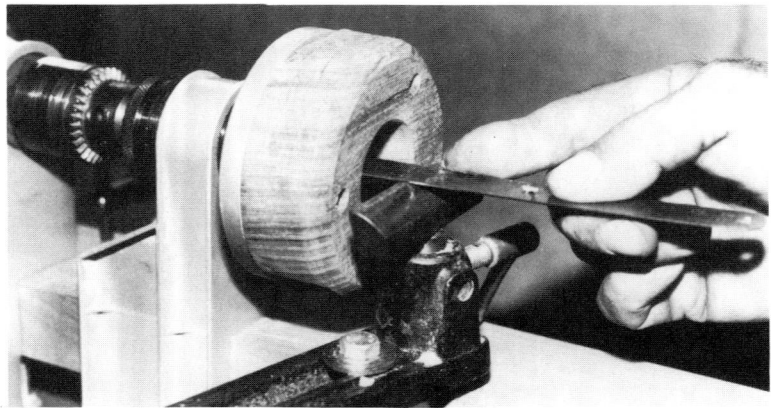

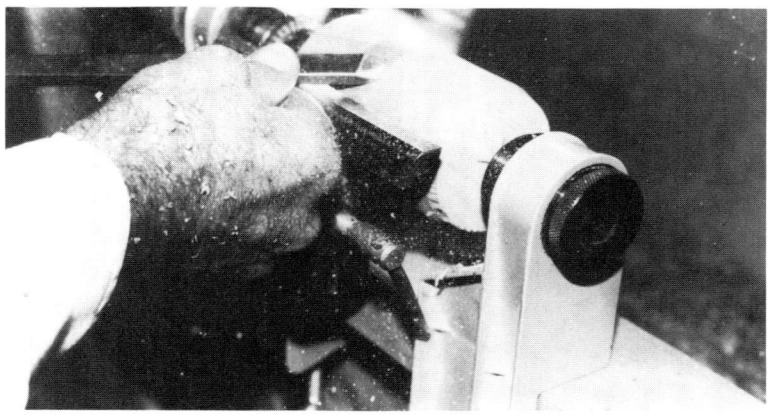

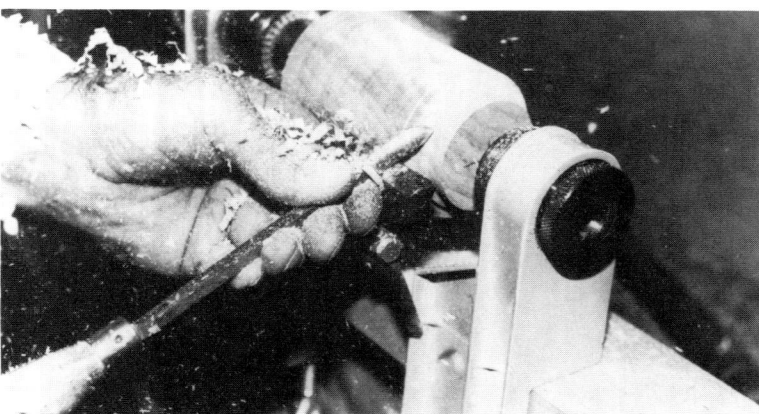

Abb. 416. Achten Sie darauf, daß die Ausnehmung, die den Zapfen des Futters aufnehmen soll, überall genau den gleichen Durchmesser hat und die Tiefe an allen Stellen gleich ist, so daß der Zapfen fest eingeleimt werden kann.

Abb. 417. Für solche Drechseleinrichtungen ist der übliche Schruppstahl etwas zu groß. Mit einem Hohlstahl von 1 cm Breite kommen Sie aber gut zurecht, wenn Sie die höchstmögliche Drehzahl wählen und mit nur geringem Druck arbeiten. Wenn Sie solch einen Rohling zu einem Zylinder drehen wollen, können Sie die Kanten natürlich auch vor dem Drechseln mit dem Hobel wegnehmen. Ich kann Ihnen diese Praxis aber nicht empfehlen, da Sie manchmal auch mit scharfkantigen Werkstücken arbeiten müssen, wenn Sie zum Beispiel Tischbeine drechseln wollen, die nur zu einem kleinen Teil rund sein sollen, und da Befürchtungen irgendwelcher Art wirklich überflüssig sind. Führen Sie den Stahl mit tief gehaltenem Handgriff sachte an die Oberkante des Rohlings, heben Sie den Griff, bis die Schneide das Holz trifft, und führen Sie den Stahl dann langsam über die Werkzeugauflage.

Abb. 418. Selbst ein Futter sollte einigermaßen glatt und eine Freude für das Auge sein. Mit einem scharfen Drechslerstahl schaffen Sie eine makellose Oberfläche und ersparen sich viel Schleifarbeit.

Abb. 419. Das Reitstockende des Werkstücks läßt sich besser bearbeiten, da hier Mitnehmerspitze oder Bohrfutter nicht stören; ansonsten ist es aber gleichgültig, an welchem Ende Sie den in die Ausnehmung der Planscheibe passenden Zapfen herstellen wollen. Mit einem Abstechstahl können Sie den Zapfen sehr exakt drehen. Glätten Sie hier die Oberfläche aber nicht vollständig, damit der Leim besser haften kann.

Abb. 420. Eine möglichst vibrationsarme Aufstellung der Drechselbank ist eine der wichtigsten Voraussetzungen für erfolgreiches Drechseln. Bei einer großen, schweren Drechselbank fallen die von der Unwucht der Schlauchschelle verursachten Vibrationen kaum auf, bei einem leichten Vorsatzgerät wie diesem ist es aber erforderlich, alle drehenden Teile soweit irgend möglich auszuwuchten. So habe ich hier zwei Schlauchschellen verwendet, deren Schraubstellen sich weitgehend ausgleichen. Genausogut kann man natürlich auch drei Schellen verwenden. Schraubt man die Schellen zu einer zusammen und zieht man die Schrauben schrittweise an, so sind die Schraubstellen nicht nur gut gegeneinander ausgewuchtet, sondern zentrieren das Werkstück auch gleichmäßig.

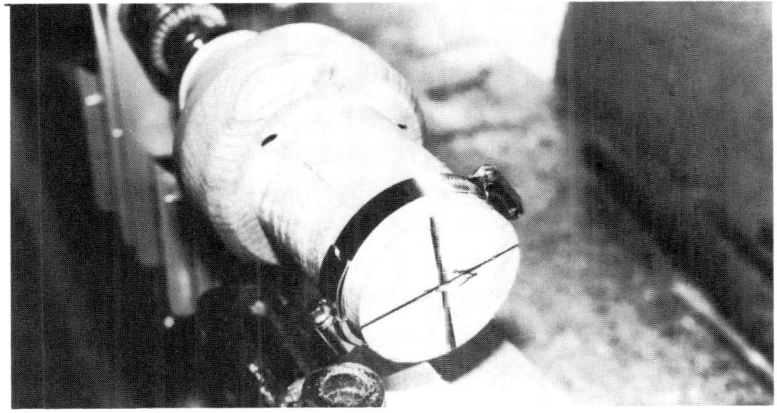

Abb. 421. Jetzt kann die Ausnehmung zur Aufnahme des Werkstücks hergestellt werden. Mit der Spitze eines schrägen Drechslerstahls dreht man eine etwa 5 cm tiefe zylindrische Ausnehmung im gewünschten Durchmesser. Wenn Sie für das Futter einen entsprechend langen Rohling wählen, brauchen Sie sich vor Beschädigungen nicht zu fürchten, da Sie jederzeit den beschädigten Bereich absägen und eine neue Ausnehmung herstellen können. Auch Futter mit kleineren Ausnehmungen lassen sich so leicht drechseln, während für größere Durchmesser einfach die vorhandene Ausnehmung vergrößert wird. Zum Schluß wird das Futter sternförmig oder, wie im vorigen Bild angezeichnet, kreuzweise eingeschnitten.

Abb. 422. Hier ist das Mühlenunterteil im Futter montiert. Das Loch kann mit der Tischbohrmaschine gebohrt werden, so daß jetzt das Unterteil des Mechanismus eingepaßt und das Werkstück gestaltet werden kann.

Abb. 423. Anschließend wird das Werkstück umgedreht und dessen Oberkante fertiggestellt. Wenn Sie das Loch nicht mit der Bohrmaschine, sondern auf der Drechselbank mit dem Stahl hergestellt haben, können Sie es jetzt von dieser Seite her vervollständigen. Falls Sie ein Mittelteil aus Glas einsetzen wollen, sollten Sie den Falz dafür mit etwas Spiel herstellen, so daß spätere Bewegungen des Holzes das Glas nicht einzwängen können. Bei der endgültigen Montage der Mühle kann das Glas dann mit einem Silikonkleber im Falz befestigt werden. Bei dem Oberteil der Mühle können Sie nach dem gleichen Verfahren vorgehen, ein anderes will ich noch im folgenden zeigen.

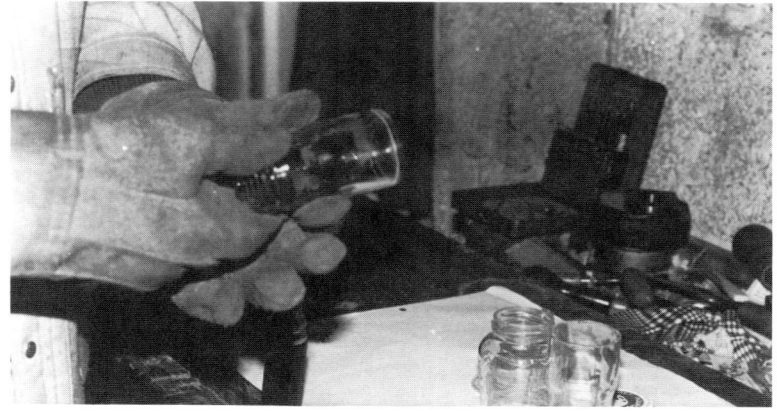

Abb. 424. Es gibt sehr schöne Glaseinsätze, die meist aber relativ teuer sind. Aus den unzähligen Wegwerfgläsern kann man sich jedoch leicht Glaseinsätze herstellen, die nicht minder attraktiv sein müssen. Sie brauchen dazu lediglich den Boden vom Gefäß Ihrer Wahl abzutrennen, was wesentlich einfacher ist, als Sie es sich wahrscheinlich jetzt vorstellen. Auch ich war erstaunt, wie leicht Glas zu bearbeiten ist, als man mir dieses Verfahren zeigte. Ritzen Sie das Glas mit einer Feile 3 mm über dem Boden — gegebenenfalls höher, wenn der Glaseinsatz kürzer sein soll — rundherum leicht ein und drehen Sie das Glas dann so über einer Gasflamme, daß die Spitze der Flamme die eingeritzte Kerbe rundum gerade berührt. Wenn Sie dann nach wenigen Sekunden ein leises "Klick" hören, müssen Sie das Glas sofort von der Flamme nehmen.

Abb. 425. Meist fällt der Boden unmittelbar danach ab. Tut er das nicht, kann man mit einem leichten Schlag auf die Werkbank nachhelfen. Mit etwas Übung im Ritzen des Glases lassen sich so sehr glatte Kanten erreichen.

Abb. 426. Da die Kante im Falz des Mühlenunterteils verschwindet, reicht etwas grobes Korundpapier zum Brechen scharfer Ränder. Es rauht die Glasoberfläche außerdem etwas an, so daß der Silikonkleber besser haftet.

Abb. 427. Auf meiner großen Drechselbank will ich hier noch ein anderes Verfahren zur Herstellung der Mühlenteile vorstellen. Hier ist der vorgebohrte Rohling auf einem selbstgemachten Aufspannzapfen montiert worden, der wiederum auf einem Schraubfutter montiert war. Nachdem der Rohling seine äußere Gestalt bekommen hatte, habe ich den Falz für das Glas hergestellt.

Abb. 428. Während zylindrische Gläser lediglich einen einfachen Falz mit passendem Durchmesser benötigen, mußte für dieses Glas eine konische Ausnehmung hergestellt werden. Hier wird das Glas mit dem Reitstock in das Unterteil gedrückt, bis der Silikonkleber abgebunden hat. So kann sichergestellt werden, daß das Glas genau mit dem Holz fluchtet und die Achse des Mechanismus leicht dreht. Ich habe hier übrigens dem Glas den ursprünglichen Deckel aufgesetzt, ein Stückchen Sperrholz hätte allerdings auch genügt. Zwischendurch aber noch ein Wort zur Sicherheit: Immer wieder entwickelt man im Laufe der Zeit Angewohnheiten, die den Arbeitsablauf stören können. So ist man oft versucht, das drehende Werkstück nach dem Abschalten der Drechselbank mit der Hand anzuhalten. Bei Arbeiten zwischen den Spitzen mag das meist gutgehen, manche Futter mögen das aber gar nicht. Ebenso gefährlich ist es, ein Werkstück mit Glaseinsatz auf der Drechselbank mit dem Motor drehen zu lassen. Stellen Sie immer das Holz vollständig fertig, bevor Sie das Glas einkleben.

Abb. 429. Weißbuche kann — wie die meisten anderen Hölzer auch — eine sehr schöne Maserung haben, der mit Accessoires nur Abbruch getan wird. Dieses Stück dagegen war eher langweilig, so daß es sich anbot, bei der Gestaltung der Mühle dekorative Bänder zu verwenden, wie man sie manchmal bei Möbelschreinern findet. Es gibt solche Bänder in vielen Mustern und Breiten, die auch für Werkstücke wie dieses mit nur etwa 6,5 cm Durchmesser geeignet sind. Zum Anbringen des Bandes empfiehlt es sich, das Werkstück vollständig fertigzustellen und die exakte Breite des Bandes dann mit dem Bleistift auf dem Werkstück anzureißen.

Abb. 430. Hier wird mit dem Abstechstahl eine kleine Vertiefung für das Band hergestellt. Die Vertiefung soll im Idealfall exakt auf die Dicke des Bandes abgestimmt sein, so daß der aufgetragene Kleber das Band gerade etwas vorstehen läßt. Im Endzustand wird das Werkstück dann eine vollkommen glatte Oberfläche haben.

Abb. 431. Die Länge des Bandes wird mit dem Bleistift markiert und das Band dann am Rand der Bleistiftlinie abgeschnitten.

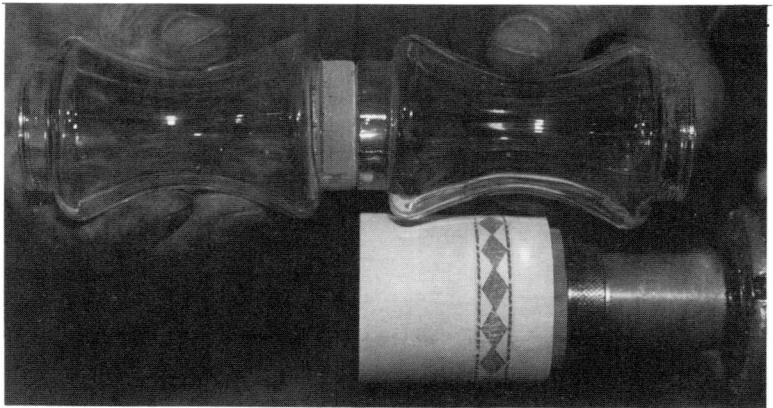

Abb. 432. Zum Kleben eignet sich ein Kontaktkleber. Wollen Sie einen anderen verwenden, dann können Sie das Band während des Abbindens mit Gummiringen fixieren. Streifen Sie die Ringe zunächst über das Holz, klopfen Sie das Band dann mit einem Hammer leicht an, bevor Sie die Ringe über das Band schieben.

Abb. 433. Normalerweise werden alle Verbindungen für Einsatz und Mechanismus fertiggestellt, bevor das Band aufgeklebt wird. Es gibt aber keinen zwingenden Grund dazu, so daß Sie eigentlich auch in umgekehrter Reihenfolge arbeiten können. Mit Hilfe eines Aufspannzapfens kann dann das Werkstück problemlos umgedreht werden. Das Glas links hat vom Abtrennen des Bodens noch eine scharfe Kante. Mit Schleifpapier läßt sich das aber schnell ändern.

Abb. 434. Dieser Aufspannzapfen hat zwei unterschiedliche Durchmesser und soll das Oberteil der Mühle halten. Der größere Durchmesser ist für den Drehbereich des Oberteils, der kleinere für das Loch, das die Drehscheibe enthalten soll. Es hätte auch ein Durchmesser gereicht, mit beiden zusammen sitzt das Werkstück aber sehr viel fester auf dem Futter.

Abb. 435. Ist das obere Ende des Oberteils fertig, kann das Werkstück auf den Aufspannzapfen geschoben werden. Das Loch für die Drehachse kann bereits vorher gebohrt werden, aber auch ebenso jetzt zusammen mit dem Äußeren des Werkstückes fertiggestellt werden. Wenn Sie das Werkstück anschließend für die Oberflächenbehandlung von der Drechselbank nehmen wollen, lassen Sie den Aufspannzapfen am besten noch stecken, so daß Sie das Werkstück jederzeit wieder montieren können.

Abb. 436. Wenn Sie das Mittelteil aus einem zusammengesetzten Rohling herstellen wollen, so müssen Sie bei der Vorbereitung des Holzes besonders sorgfältig vorgehen. Pfeffermühlen nimmt man häufig in die Hand und während des Essens hat man sie meist gut im Blickfeld, so daß man die kleinste Nachlässigkeit deutlich sieht. Hier sind 4 Stäbe vorbereitet und so gekennzeichnet, daß man sie nicht miteinander verwechseln kann. Statt eines Furniers will ich hier einen 3 mm dicken Holzstreifen einlegen, den ich mir selbst zugeschnitten habe.

Abb. 437. Die Stäbe werden zu zweit zusammengelegt, gegebenenfalls einmal abgeschnitten und schließlich mit dem zwischengelegten Holzstreifen verleimt.

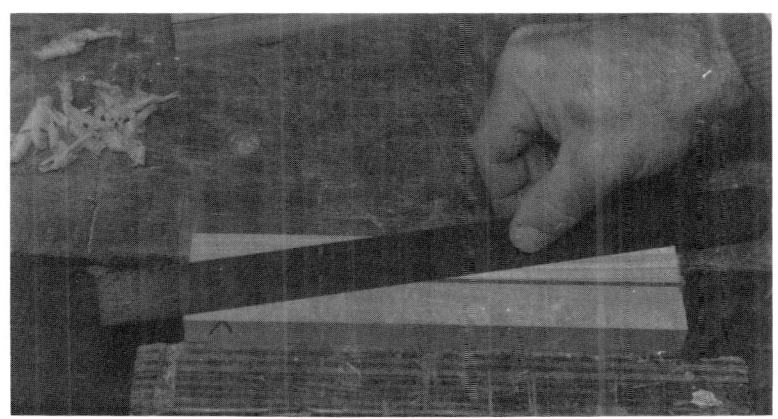

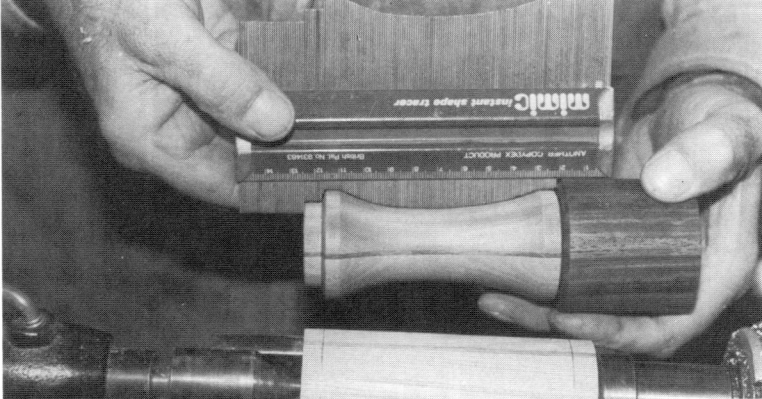

Abb. 438. Hier sind die beiden Paare miteinander verleimt. Die beiden großen Schraubzwingen drücken die Teile zusammen, die kleinen verhindern seitliches Wegrutschen. Die Holzstreifen der beiden Paare müssen exakt fluchten.

Abb. 439. Bei der weiteren Bearbeitung dient das Kreuz der Holzstreifen als Zentriermarke. Zunächst wird das Loch in der Mitte gebohrt. Wenn Sie mit Ihrer Drechseleinrichtung nicht bohren können, genügt auch eine Tischbohrmaschine. Falls Sie freihändig bohren wollen, empfiehlt es sich, von beiden Seiten aus zu bohren und das Werkstück dann auf einem passenden Aufspannzapfen zu montieren, so daß es auch bei nicht exakter Bohrung genau zentrisch montiert ist.

Abb. 440. Wie der Glaseinsatz ist auch dieses Teil ein weitgehend selbständiges Werkstück. Ist die erste Mühle fertig, kann man mit der Herstellung des Duplikates beginnen. Am besten stellen Sie sich dazu eine Schablone her, bei der lediglich darauf zu achten ist, daß sie einen festen Bezugspunkt außerhalb des Werkstücks hat und stets parallel zur Achse des Werkstücks gehalten wird. Duplikate sind meist leichter herzustellen, als man vermutet. Stimmen Länge und Umfang, so fallen kleine Abweichungen kaum ins Auge.

17. Verschiedene Techniken in Kombination

Abb. 441. In diesem Kapitel will ich einige Kombinationen der bisher behandelten Techniken vorstellen und außerdem ein paar weitere Methoden zur Montage der Werkstücke in anderen Futtern beschreiben. Als Beispiel habe ich eine Tabakdose mit Pfeifenständer gewählt und aus den Abfällen dann noch einen kleinen Aschenbecher hergestellt; die Techniken sind aber natürlich vielseitig und für allerlei schöne und nützliche Dinge geeignet, wie zum Beispiel für Garnrollenhalter am Nähkorb und ähnliches. Das Mahagoni, das ich dafür verwendet habe, stammt vermutlich aus Kuba, der Händler, von dem ich es erhielt, tat allerdings etwas geheimnisvoll, was den Ursprung des Holzes betraf. Jedenfalls war es ein sehr schönes Stück, das beim Bearbeiten zunächst gelblich wirkte, am Tageslicht aber eine tiefe, rote Färbung zeigte, leicht zu bearbeiten war und eine sehr glatte Oberfläche hatte. Die Tabakdose sollte luftdicht sein und erhielt deswegen einen Deckel mit Gummidichtung. Man kann dazu Einweckringe nehmen oder sich aus einem größeren Gummi mit Hilfe einer Schneideschablone selbst eine Dichtung schneiden; achten Sie aber darauf, daß der Gummi lebensmittelverträglich ist, Neopren zum Beispiel verdirbt mit seinem Geruch den Tabak. Zur Oberflächenbehandlung habe ich außen Danish Oil verwendet, innen Leinöl. Entsprechend den Instruktionen des Herstellers habe ich 5 Schichten aufgetragen, eine zeitraubende und klebrige Angelegenheit. Dennoch schätze ich solch ein Finish, da es einfach aufzutragen, billig und dauerhaft ist. Zum Auftragen nehme ich einen Lappen, den ich zwischen den einzelnen Arbeitsgängen in einer Blechbüchse verwahre, wische die behandelte Fläche nach etwa 10 Minuten trocken und erhalte schließlich eine makellose Oberfläche ohne Flusen oder Pinselstriche.

Abb. 442. Hier als erstes Teil der Knopf der Dose. Der Rohling ist auf einem Schraubfutter montiert und wird von der mitlaufenden Spitze des Reitstocks unterstützt. Mit dem Schruppstahl oder dem Hohlstahl wird der Rohling zum Zylinder gedreht.

Abb. 443. Da dieser Knopf oben abgeflacht werden soll, wird der Reitstock zurückgeschoben, wenn die übrigen Partien soweit geformt sind. Mit dem Drechslerstahl läßt sich das Hirnholz sehr schnell glätten. Da bei diesem Arbeitsgang leicht einmal ein Fehler passiert, spare ich mir die letzten Feinarbeiten immer bis zum Schluß auf, so daß ich eventuelle Schäden dann noch ausbessern kann.

Abb. 444. Der Dübel des Knopfes muß die richtige Länge haben und auf den Durchmesser eines vorhandenen Bohrers abgestimmt sein. Einige mit dem Drechslerstahl oder mit dem Abstechstahl eingestochene Ringe erhöhen die Haftung beim Einleimen.

Abb. 445. Da Knöpfe dieser Art angefaßt werden, bringe ich vor der Behandlung mit Danish Oil noch eine Ballenmattierung auf.

Abb. 446. Der Teil des Deckels, der in der Dose sitzt und den Gummiring aufnehmen soll, muß etwa 1,5 mm kleiner als die Dosenöffnung sein, damit er leicht abzunehmen ist. Meist ist man bei diesen Maßen auf die Größe der greifbaren Dichtung angewiesen.

Abb. 447. Hier wird ein Schlitz für den Gummiring hergestellt. Mit dem Abstechstahl wird der Schlitz exakt den Maßen der Dichtung angepaßt. Sitzt der Ring zu lose, rutscht er beim Schließen der Dose leicht aus dem Schlitz.

Abb. 448. Anschließend kann die Deckeloberfläche gestaltet werden. Ich verwende dazu einen Hohlstahl.

Abb. 449. Falls das Holz es zuläßt, kann man auch mit dem Schabstahl arbeiten. Setzen Sie diesen Stahl immer mit nach unten geneigter Schneide an, niemals umgekehrt. Es ist übrigens eine gefährliche Unsitte, Schabstähle aus alten Feilen herzustellen!

Abb. 450. Zum Schluß kann das Loch für den Dübel des Knopfes gebohrt werden. Am besten bohrt man wie hier mit einem im Reitstock montierten Bohrer. Falls der Deckel sehr dünn ist und beim Bohren die Gefahr besteht, auf die Schraube des Schraubfutters zu treffen, bohrt man nach wenigen Millimetern besser auf der Tischbohrmaschine weiter.

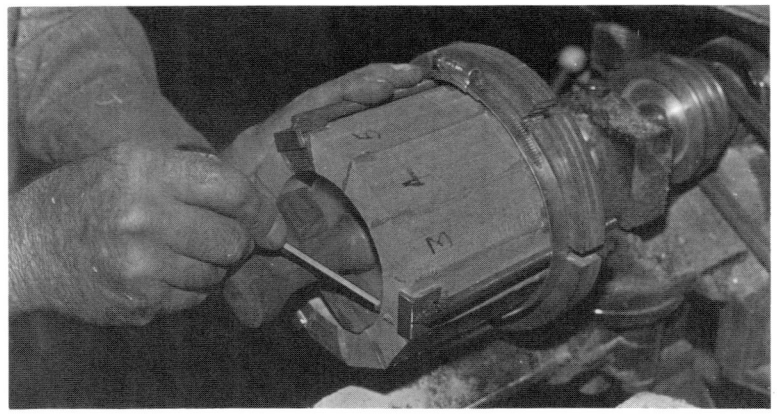

Abb. 451. In die Dose soll ein Einsatz kommen, der vom Boden aus eingesetzt wird und an der Oberkante der Dose in einem Falz gehalten wird. Mit einer Schablone wie sie in Abbildung 56 gezeigt wurde, kann man das Innere leicht überprüfen. Der Boden des Einsatzes ist konisch und nicht zu den Seitenwänden im rechten Winkel. Damit der Einsatz gut sitzt, wird die Bodenplatte der Dose dem Boden des Einsatzes genau angepaßt.

Abb. 452. Ist der Einsatz eingesetzt und der Dosenboden exakt angepaßt, kann die Drechselbank beim Einleimen des Bodens über Nacht als Zwinge dienen.

Abb. 453. Um einen luftdichten, aber dennoch leicht zu handhabenden Sitz des Deckels zu erreichen, wähle ich den Durchmesser der oberen Öffnung etwa einen knappen halben Millimeter kleiner als den Außendurchmesser des Gummiringes. Ist die Oberfläche in diesem Bereich dann geschliffen und poliert, sitzt der Deckel schließlich optimal. Wenn nun das Werkstück für die nächsten Arbeitsgänge von der Drehbank genommen wird, bleibt die Planscheibe weiterhin am Werkstück.

Abb. 454. Die außen um die Dose herumlaufende Fußplatte wird, wie in den Abbildungen 119 und 122 gezeigt, auf einer "Boulter" montiert und innen auf den erforderlichen Durchmesser gedreht. Solange das Futter noch nicht durch viele Arbeiten sehr in Mitleidenschaft gezogen ist, kann man den Winkel der Innenkante leicht mit einem rechten Winkel überprüfen.

Abb. 455. Da man den Bereich unmittelbar neben der Dose später mit dem Stahl nur mühsam erreicht, sollte er jetzt geglättet und auch geschliffen werden. Achten Sie darauf, daß Sie mit dem Stahl nicht an die Greifklauen geraten.

Abb. 456. Da es nicht so ohne weiteres möglich ist, die Dose in die Fußplatte zu setzen, um den exakten Sitz zu überprüfen, hänge ich die Platte wie hier gezeigt über den Spindelstock. Andernfalls müßte ich die Dose mehrmals demontieren und wieder montieren.

Abb. 457. Hier ist die genaue Paßform erreicht und es wird Zeit, die Dose außen zu gestalten, bevor die Fußplatte festgeleimt wird. Achten Sie dann beim Festleimen darauf, daß ausgetretener Leim sofort entfernt wird und die Fuge zwischen Dose und Fußplatte vollkommen sauber ist, da Sie später nur mit Schwierigkeiten in diesem Bereich arbeiten können.

Abb. 458. Da das Werkstück noch immer auf der Planscheibe montiert ist, kann man die Fußplatte nach dem Abbinden des Leims problemlos fertigstellen. Zuerst wird die unregelmäßige Außenkante rund gedreht und dann die Oberfläche bearbeitet.

Abb. 459. Hier soll in die Fußplatte eine Rille gedrechselt werden, in der die Pfeifenköpfe liegen sollen. Ich habe dazu die Werkzeugauflage ummontiert und zunächst mit einem Hohlstahl gearbeitet.

Abb. 460. Jetzt werden Sie feststellen, wie schwierig die Arbeit in der Ecke zwischen Fußplatte und Dose ist. Selbst das Schleifen macht hier Probleme, da die Oberfläche der bereits parallel zur Maserung geschliffenen Dose beim Schleifen der Fußplatte unweigerlich beschädigt wird.

Abb. 461. Die obere Platte mit den Löchern für die Pfeifenstiele ist hier bereits so weit fertiggestellt, daß die Öffnung genau zur Dose paßt. Die Platte muß nun so montiert werden, daß die äußeren Bereiche bearbeitet werden können. Ich habe dazu zwei kleine Hartholzstücke mit einem Schlitz versehen und sie wie hier zu sehen auf einer Sperrholzscheibe montiert. An der Vorderseite der Hartholzstücke habe ich als Spitze vorher je einen Stift eingeschlagen.

Abb. 462. Anschließend habe ich die Platte auf die Sperrholzscheibe gedrückt, die Hartholzstücke mit dem Stift gegen die Platte geschoben und in den Schlitzen festgeschraubt. Natürlich hätte ich auch eine Planscheibe oder ein Schraubfutter verwenden können, habe aber lieber mit einer Kopfschraube gearbeitet, weil ich von der umständlichen Wechselei der Planscheibe für andere Arbeiten unabhängig sein wollte. Die Scheibe könnte nun fertiggestellt werden, wir wollen uns aber zunächst darauf beschränken, die Außenkante rund zu drechseln.

Abb. 463. Die Löcher für die Pfeifenstiele in die Scheibe zu bohren, ist keine leichte Aufgabe, wenn man sich dazu keine Lehre herstellt. Diese hier ist die Einfachheit selbst; sie besteht aus einer Spanplatte mit zwei etwa 15 cm voneinander entfernten Dübeln, die beide von der Plattenhinterkante gleichweit entfernt sind und deren genauer Abstand zueinander vom Durchmesser der Scheibe abhängig ist. Zwischen ihnen läuft eine Linie senkrecht zur Plattenhinterkante. Die so vorbereitete Platte wird auf den Tisch der Bohrmaschine gelegt, so daß der Bohrer genau die Mitte der Linie trifft. Wenn nun auf der Scheibe die radiale Richtung der Bohrlöcher angezeichnet ist, können Sie sie an die Dübel schieben und alle Löcher mit exakt gleichem Abstand zum Rand der Scheibe bohren.

Abb. 464. Diese Scheibe bestand aus 2 Ringen mit je 12 Segmenten, deren Stöße gegeneinander versetzt waren. So brauchte hier nur genau in der Mitte jeden Stoßes gebohrt zu werden, um auf der anderen Seite der Scheibe in die Mitte der Segmente zu treffen.

Abb. 465. Um ein Ausreißen der Bohrlöcher zu verhindern, bohrt man sie am besten nicht ganz durch die Scheibe, sondern montiert diese wieder auf der Drechselbank, wo sie abschließend mit dem großen Schabstahl geglättet wird. Die Bohrlöcher werden bei diesem Arbeitsgang ganz freigelegt und behalten saubere Kanten.

Abb. 466. Nach dem letzten Glätten der Außenkante — hier mit einem Abstechstahl — kann die Scheibe geschliffen und poliert werden, wozu man sie gegebenenfalls vom Futter nimmt.

Abb. 467. Hier die fertige Platte mit den exakt in Segmentmitte gebohrten Löchern.

Abb. 468. Nun kann die Scheibe mit der Dose verleimt werden. Mit einem Klebeband habe ich dabei Beschädigungen der fertigen Dose verhindert. Notfalls kann man jetzt sogar die obere Scheibe nachschleifen. An den Kanten der Scheibe sind aber weitere Arbeiten ohne weiteres möglich.

18. Spitzenklöppel

Über die Entstehung des Klöppelns ist viel gerätselt und gestritten worden. Mit dem 15. Jahrhundert nahm das Klöppeln einen großen Aufschwung, heute gibt es nur noch einige wenige professionelle Spitzenklöppler, da der Arbeitsaufwand enorm ist. Für die etwa 5 cm breite Spitzenumrandung einer handtuchgroßen Decke kann eine geübte Klöpplerin bis zu 100 Arbeitsstunden aufwenden, was, verglichen mit modernen Produkten, Spitzen zu einem unbezahlbaren Luxus macht. Dennoch aber blüht das Handwerk in letzter Zeit wieder auf, da in vielen Gruppen und Vereinen das Klöppeln als Liebhaberei betrieben und gepflegt wird. Daneben gibt es industriell gefertigte Spitzen, sogar aus Aluminium, Plastik oder Holz, die meist ebenso teuer wie geschmacklos sind. Ein Handwerker braucht umso besseres Werkzeug, je geschickter er ist, so auch der Klöppler. Meines Wissens gibt es eine ganze Reihe von Heimwerkern, darunter auch etliche Frauen, die in Heimarbeit Klöppel herstellen und diese bei Ausstellungen und Treffen der Klöppelgruppen und -vereine verkaufen. Meinem Freund Richard Tomalin, einem begeisterten Klöppler, bin ich sehr zu Dank verpflichtet, daß ich ihn bei der Arbeit fotografieren konnte. Um zu verstehen, was Klöppeln wirklich bedeutet und was der Klöppler an Werkzeug benötigt, ist es aber sehr angebracht, eine Ausstellung oder Vorführung einer Klöppelgruppe zu besuchen. Es gibt sehr unterschiedliche Klöppelarbeiten, deren Namen meist regional unterschiedlich sind. Bei diesen Namen handelt es sich meist um die Bezeichnung einer speziellen Technik, die Verwendung der Spitze findet sich im Namen dagegen nur selten wieder. Auch die Klöppel sind sehr unterschiedlich und haben ebenfalls eigene Namen. Daneben gibt es für bestimmte Gelegenheiten wie Hochzeiten, Geburten, Weihnachten, Jubiläen und ähnliches meist auch noch besondere Klöppel, die eigentlich nur vom Drechsler hergestellt werden können.

Als Holz kommen für qualitativ hochwertige Klöppel nur Harthölzer in Betracht, einige dieser Hölzer, wie zum Beispiel mehrere Arten der Dalbergia, geben jedoch Substanzen ab, die die Baumwolle verfärben. Weniger hochwertige Klöppel lassen sich aber auch aus Obsthölzern herstellen. Hier ist besonders das Holz der Birne zu nennen, aus dem sehr viele Klöppel hergestellt sind. Klöppler interessieren sich meist sehr dafür, aus welchem Holz ihre Werkzeuge sind und oft wollen sie auch über die botanische Bezeichnung und die Quelle des Holzes Bescheid wissen. Die Klöppel, die ich hier zunächst vorstellen will, sind jedoch nicht aus Holz,

sondern aus Knochen. Ich habe dieses Material gewählt, weil sich die demonstrierten Techniken nicht nur zum Drechseln von Klöppeln, sondern auch zur Herstellung anderer Miniaturarbeiten sehr gut eignen und viele Drechsler an solchen Arbeiten interessiert sein dürften.

Schienbein ist beim Schlachter leicht zu bekommen und für solche Arbeiten sehr gut geeignet. Sie brauchen keinen besonders großen Knochen, einer mit etwa 1 cm² Querschnitt reicht für die im folgenden behandelte Arbeit aus. Sägen Sie den Knochen zunächst in Abschnitte von etwa 10 cm Länge und kochen Sie die Teile dann in einem Dampfkochtopf, dessen Boden mit Wasser bedeckt ist. Je nach Größe sollten Sie den Knochen etwa nach zwei Stunden aus dem Topf nehmen und dann vollständig trocknen lassen. Anschließend kann dann der erste Rohling vorbereitet werden. Mein bereits erwähnter Freund Richard montiert die Rohlinge auf einem selbst hergestellten Mitnehmer, der eigentlich für hölzerne Rohlinge gedacht ist. Er stellt sich zwischen den Spitzen zunächst einen Morsekegel her, den er in einen Konus am Mitnehmer steckt und in den er für den Rohling ein passendes Loch von etwa 6 mm bohrt. Diese Bohrung wird anschließend vorsichtig zu einem Quadrat erweitert, in das man nun quadratische oder annähernd quadratische Rohlinge stecken kann. Andere Drechsler verwenden konische Aufspannzapfen, die sie in einem Bohrfutter montieren, aber auch ganz normale Mitnehmerspitzen sind möglich, obgleich man bei diese darauf achten muß, daß auf das Werkstück nicht zuviel Druck ausgeübt wird.

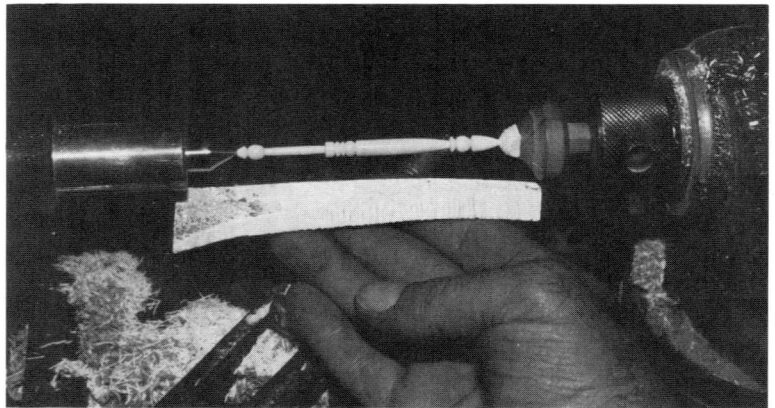

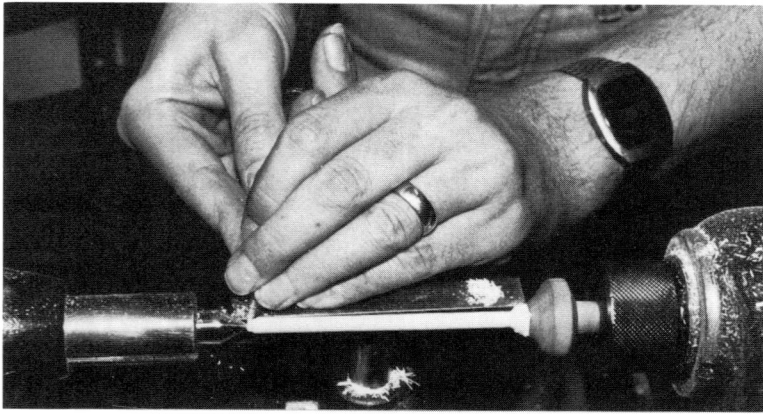

Abb. 469. Hier ein fertiger Klöppel und daneben ein Knochenstück, aus dem nun ein zweiter entstehen soll. Die unregelmäßige Form des Knochens bringt keine Probleme, wenn man den Knochen am Mitnehmerende mit der Bandsäge passend für das vorgesehene Futter zuschneidet. Für Futter mit konischen Ausnehmungen reicht ein großer quadratischer Zuschnitt; bei manchen drechselbanküblichen Futtern muß das Mitnehmerende allerdings erst zwischen den Spitzen zum Zylinder gedrechselt werden.

Abb. 470. Knochen verhält sich in vielfacher Hinsicht wie Holz. So sind zum Beispiel keine besonderen Stähle und keine besonderen Keilformen oder Schneiden erforderlich. Auch werden Spitzen und Kanten der Stähle nicht außergewöhnlich beansprucht. Um den Rohling zum Zylinder zu drehen, ist der Schruppstahl bis zu einem Werkstückdurchmesser von etwa 6 bis 7 mm ideal. Man beginnt am besten am Reitstockende und arbeitet dann zum Mitnehmerende hin.

Abb. 471. Der Drechslerstahl beseitigt mühelos alle vom Schruppstahl stammenden Unregelmäßigkeiten. Richard arbeitet hier bei einem Durchmesser des Werkstücks von etwa 6 mm von links nach rechts und hält den Stahl sehr weit vorn an der Spitze. Bei solch kleinem Werkstück setzt er den Stahl fast im rechten Winkel zum Werkstück an und hält ihn beinahe waagerecht auf der Werkzeugauflage. Ein Unterschied zum Arbeiten mit Holz ist eigentlich nicht zu sehen.

Abb. 472. Vom Reitstock darf nur sehr geringer Druck auf das Werkstück ausgehen, es soll von der mitlaufenden Spitze gerade eben gehalten werden. Entsprechend wenig Druck darf auch der Stahl auf das Werkstück bringen, was man am Ende der meisten fertigen Klöppel noch erkennen kann. An diesem zuerst bearbeiteten Bereich des Klöppels wird später vorübergehend der Faden angeknotet. Fast jeder Klöppler hat für dieses Ende seine individuelle Form gefunden. Voraussetzung nicht nur für diesen Bereich ist eine makellos glatte Oberfläche. Der geringe Durchmesser des Werkstücks erlaubt nur geringfügige Schleifarbeiten, stellt also an die Qualität der mit dem Stahl fertiggestellten Flächen hohe Anforderungen.

Abb. 473. Als nächstes wird der mittlere Teil des Klöppels bearbeitet, jener Teil, um den später der Faden laufen soll. Es ist durchaus üblich, das Werkstück dabei mit dem Finger zu stützen, meist wird bei solch dünnen Objekten sogar die ganze Hand dazu genommen. Bei Drehzahlen zwischen 1000 und 1500 U/min besteht keine Gefahr, sich dabei die Finger zu verbrennen. Hier wird mit einem Drechslerstahl üblicher Größe gearbeitet, ungewöhnlich ist eigentlich nur, wie der Stahl gehalten wird.

Abb. 474. Vom Reitstockende ausgehend wird der Klöppel fertiggestellt, so daß zum Mitnehmerende hin stets der größtmögliche Querschnitt des Werkstücks die erforderliche Stabilität liefert. Die Finger der rechten Hand lenken bei dieser Arbeit den Stahl, der Daumen der linken Hand dient als seitlicher Anschlag, während die Finger dieser Hand das Werkstück stützen.

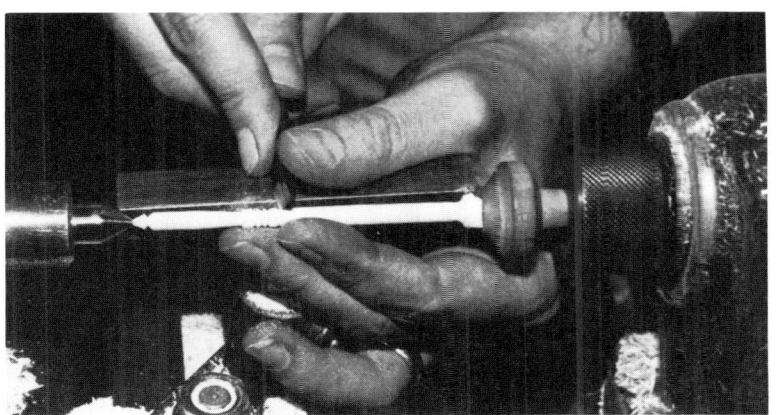

Abb. 475. Weiter zur Mitte hin wird der Klöppel fast bis auf 3 mm verjüngt.

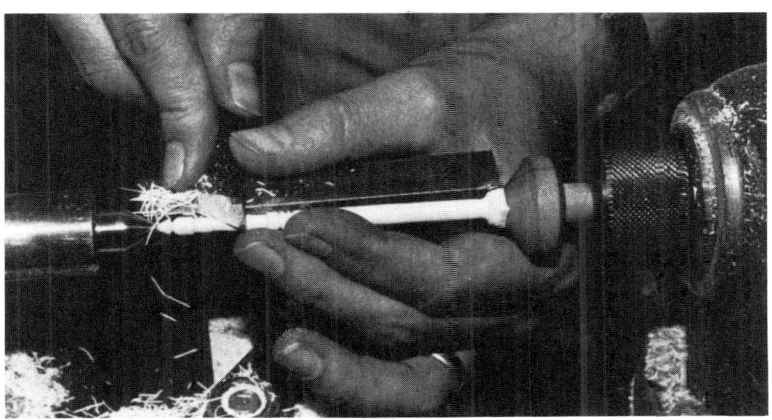

Abb. 476. Achten Sie darauf, daß Sie mit dem Stahl nicht auf Ihre Finger treffen, die von der Spitze des Drechslerstahls oft nur einige Millimeter entfernt sind.

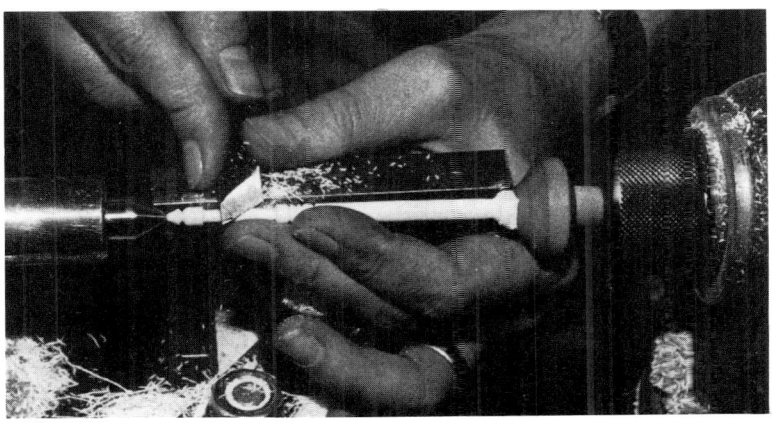

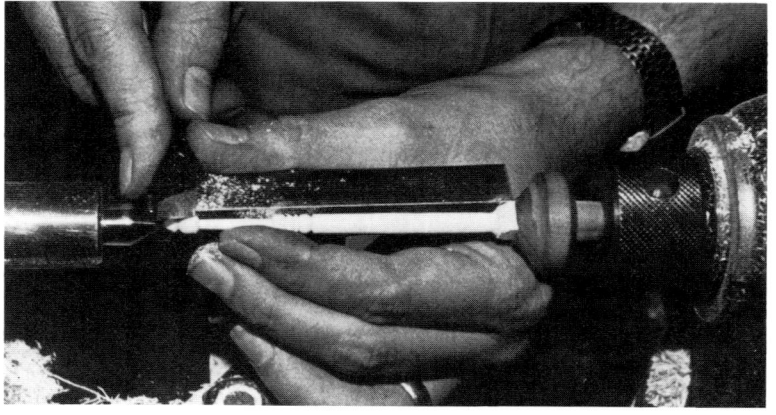

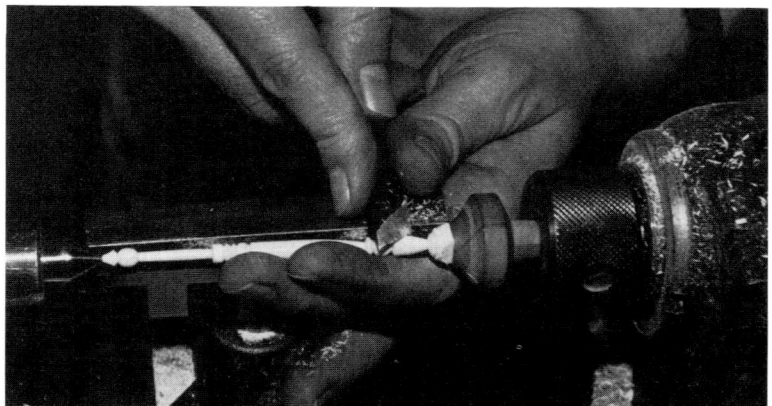

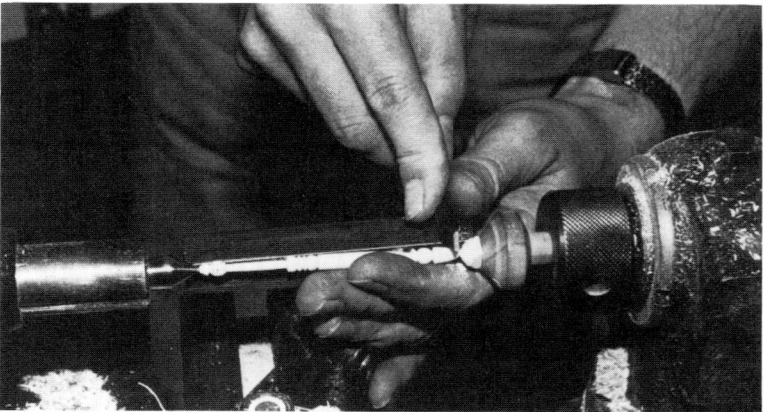

Abb. 477. Ist der mittlere Bereich fertig, kann das Reitstockende mit dem stumpfen Winkel des Drechslerstahls ganz fertiggestellt werden.

Abb. 478. Zum Schluß wird das andere Ende des Klöppels bearbeitet. Auch hier wird das Werkstück mit den Fingern der linken Hand unterstützt, auch wenn der Stahl den Fingern manchmal gefährlich nahe scheint. Ein Fehler hier würde den Klöppel an seiner dünnsten Stelle zerbrechen lassen.

Abb. 479. Nach und nach nimmt der Klöppel Gestalt an, bis er schließlich mit sehr feiner Stahlwolle vorsichtig geschliffen werden kann. Achten Sie darauf, daß sich die Wolle nicht um den Klöppel wickelt. Das höchstens 0,4 mm dicke Loch für den Draht, auf den später die Perlen gewickelt werden, kann jetzt hier am noch montierten Werkstück gebohrt werden, genausogut aber später, nachdem der Klöppel abgestochen ist.

Abb. 480. Bei Klöppeln aus Holz kann die Oberfläche vor dem Abstechen abschließend behandelt werden. Bei vielen Harthölzern ist dafür normale Möbelpolitur ausgezeichnet, während bei Obsthölzern vorsichtig aufgetragene Ballenmattierung meist besser ist. Zum Abstechen wird der Drechslerstahl mit der Spitze nach oben so an dem Werkstück angesetzt, daß die Schneide gerade auf der Oberfläche schleift. Wird der Stahl nun mit dem stumpfen Winkel gegen das Werkstück gedrückt, hinterläßt er eine vollkommen glatte Oberfläche. Die beschriebene Technik ist sowohl für Klöppel aus Holz wie aus Knochen geeignet. Bis man mit solch dünnen Werkstücken genügend Erfahrung gesammelt hat, sollte man sich aber zuerst an hölzernen Rohlingen versuchen, die sehr viel rauhere Behandlung vertragen als der doch recht spröde Knochen.

Abb. 481. Klöppel gibt es in unzähligen Variationen und sehr verschiedenen Hölzern, und jeder Klöppler hat möglichst viele unterschiedliche Paare. Ich denke, daß die Unterschiede dazu beitragen, die Paare bei der Arbeit besser auseinanderhalten zu können, aber sicher ist das Interesse der Klöppler an den unterschiedlichen Hölzern ebensogroß. Es gibt übrigens auch Klöppel, die am hinteren Ende einen losen Ring haben und die des Ringes wegen in einer Technik hergestellt werden, die ich hier zum Schluß noch vorstellen will, da sie sich auch für viele Miniaturarbeiten eignet.

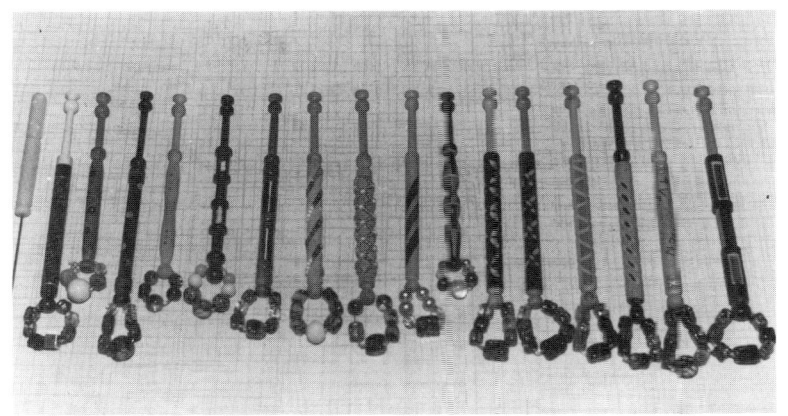

Abb. 482. Zunächst wird in der gewohnten Weise ein Halbrundstab gedrechselt, der dann an beiden Seiten mit einem balkenförmig geschliffenen Stahl unterschnitten wird, bis er schließlich vom Werkstück abgetrennt ist.

Abb. 483. Hier der Halbrundstab, der anfangs mit parallelen Seiten gedrechselt wird und etwas höher ist als üblich. Man sieht hier übrigens gut das selbst hergestellte Futter, für das der Rohling leicht passend geschnitten werden kann.

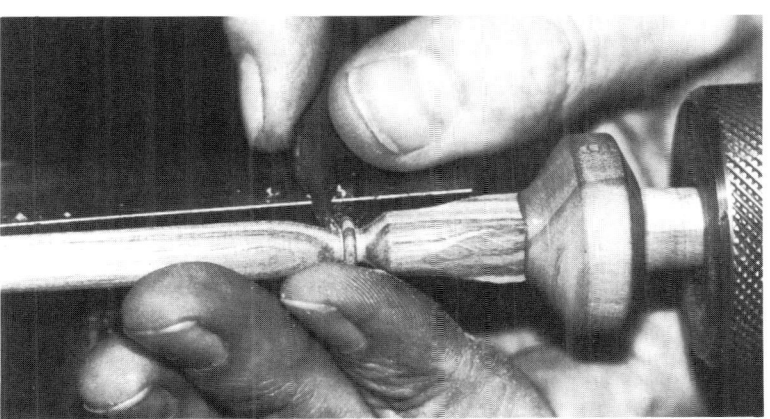

Abb. 484. Das hakenförmige Werkzeug ist ebenfalls eine Eigenproduktion von Richard. Er hat es sich aus einem HSS-Metallsägeblatt hergestellt und der Form eines Linolschnitt-Messers angepaßt und es auch so geschärft, wobei die Spitze als dem eigentlich nutzbaren Bereich besondere Aufmerksamkeit zukommt. Zum Herstellen solcher Werkzeuge aber noch ein paar Anmerkungen: HSS-Stahl ist sehr spröde und für solche Behandlung nicht unbedingt geeignet. Ein Werkzeug dieser Art wird allerdings nur geringfügig belastet, so daß der Stahl ausnahmsweise akzeptabel ist, auch wenn er nicht für die Holzbearbeitung hergestellt wurde. Beim Schleifen aber sollte man unbedingt eine Gesichtsmaske tragen.

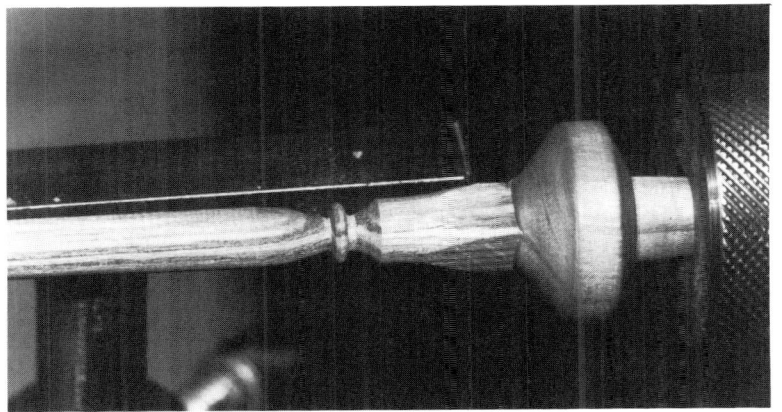

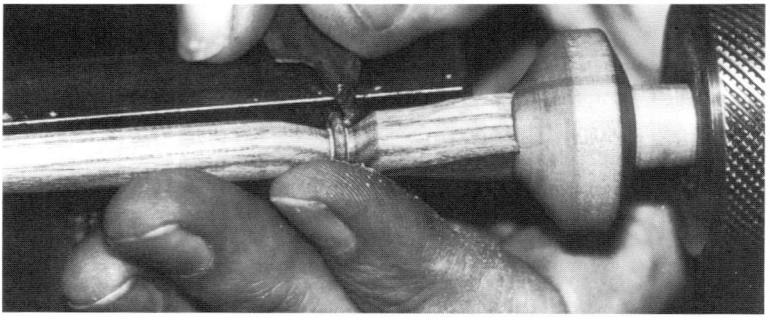

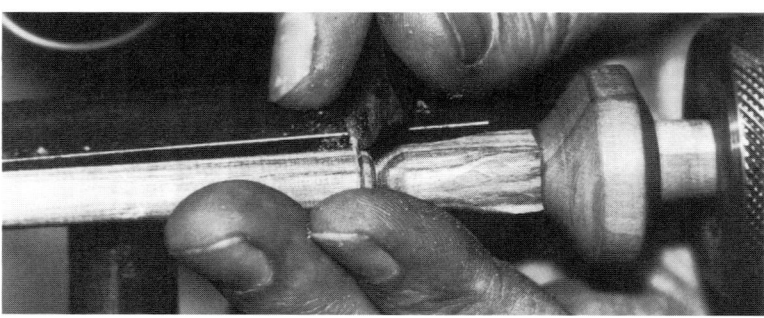

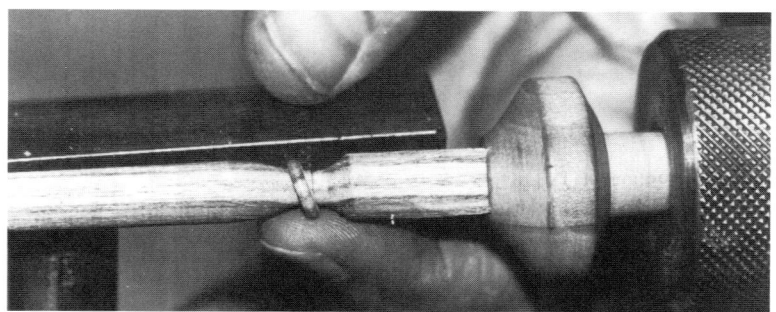

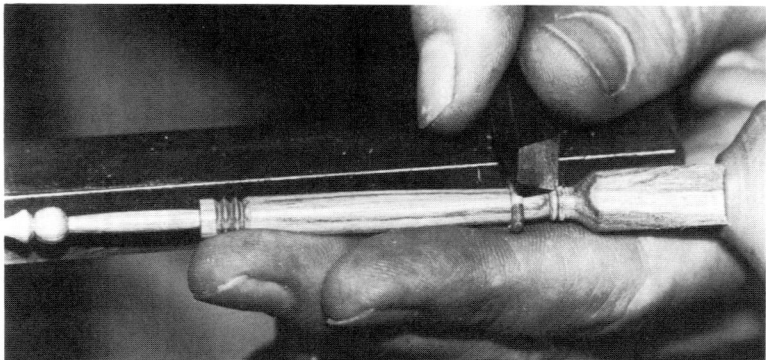

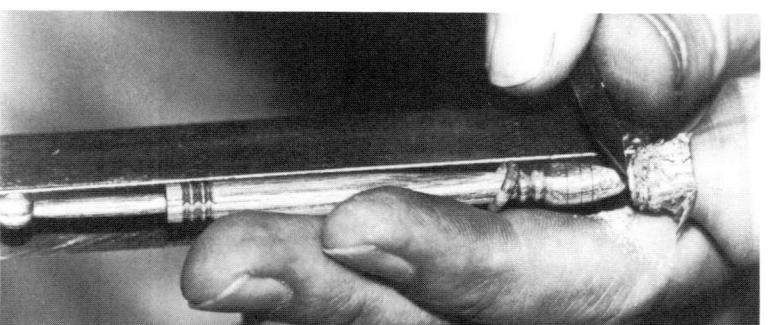

Abb. 485. Mit dem Stahl kann man von beiden Seiten in den unteren Bereich des Halbrundstabes einstechen.

Abb. 486. Nach und nach läßt sich so ein Ring mit kreisförmigem Querschnitt herstellen, der kurz vor dem Abstechen so weit wie möglich geschliffen wird.

Abb. 487. Auf die Qualität der Fläche unter dem Ring braucht man in diesem Stadium keine Rücksicht zu nehmen, da man diese Stelle später gut bearbeiten kann. Wichtig ist lediglich, daß der Halbrundstab möglichst sorgfältig geformt und geglättet wird, da er nach dem Abstechen nicht weiter bearbeitet werden kann. Hier ist der Ring zur Seite geschoben, so daß man die Fläche unter ihm gut erreichen kann.

Abb. 488. Mit dem Finger kann man den Ring festhalten, solange man in seiner Nähe arbeiten muß. Der Ring ist jedoch sehr zerbrechlich, so daß man in diesem Stadium sehr vorsichtig sein muß, wenn man ihn auf den konischen Bereich schiebt.

Abb. 489. Anschließend wird auch dieser Klöppel wie alle anderen behandelt. Der einzige Unterschied zu den üblichen Arbeiten zwischen den Spitzen liegt darin, daß er ständig mit der linken Hand unterstützt wird.

Stichwortverzeichnis

153

Stichwortverzeichnis

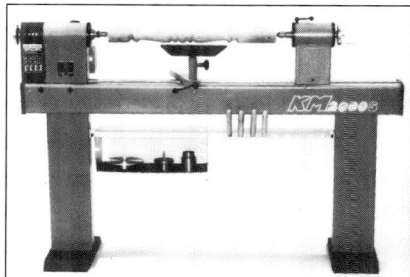
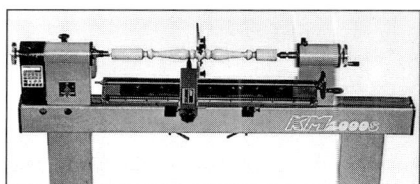